Feste feiern in der Kita!

Yvonne Wagner

Tolle Ideen zum Nachmachen und Mitfeiern

Verlag an der Ruhr

Impressum

Titel
Feste feiern in der Kita!
Tolle Ideen zum Nachmachen und Mitfeiern

Autorin
Yvonne Wagner

Titelbildmotiv
Andrea Steffen

Illustrationen
Andrea Steffen u. a.

Innengestaltung
Dagmar & Torsten Lemme, Berlin

Verlag an der Ruhr
Mülheim an der Ruhr
www.verlagruhr.de

Geeignet für Kinder von 3–6 Jahren

Unser Beitrag zum Umweltschutz
Wir sind seit 2008 ein ÖKOPROFIT®-Betrieb und setzen uns damit aktiv für den Umweltschutz ein.
Das ÖKOPROFIT®-Projekt unterstützt Betriebe dabei, die Umwelt durch nachhaltiges Wirtschaften zu entlasten.
Unsere Produkte sind grundsätzlich auf chlorfrei gebleichtes und nach Umweltschutzstandards zertifiziertes Papier gedruckt.

ISBN 978-3-8346-0821-5

Printed in Germany

Inhalt

Ein paar Worte vorab ...

Jedes Jahr finden in Kindergärten Sommerfeste als Jahresabschluss statt. Und jedes Jahr ist der Ablauf dieser Feste ähnlich: Die Kinder führen etwas vor, die Gäste essen und trinken, und es gibt ein Unterhaltungsprogramm für Groß und Klein: Vielleicht ist dazu ein Clown eingeladen, oder es gibt einen Film und Spielaktionen.

Doch wie wäre es, wenn Sie solch ein **Fest** einmal nutzen würden, um vorangegangene **Erlebnisse** und **Erfahrungen** der Kinder aufzugreifen und in diesem Rahmen zu einem feierlichen Abschluss zu bringen? Vielleicht haben Sie ein schönes Waldprojekt in Ihrer Kita gemacht, bei dem die Kinder viel Neues über Natur, Umwelt und Nachhaltigkeit gelernt haben. Oder Sie haben eine Kunstprojektereihe durchgeführt, und die Kinder haben große Künstler der Kunstgeschichte kennengelernt, haben ihre Techniken erprobt und mit verschiedensten Materialien experimentiert, wie die großen Meister selbst. Solche und ähnliche **Ereignisse aus dem Kita-Jahr** sind doch ein **Anlass zum Feiern!** Feiern Sie sie, feiern Sie mit den Kindern und mit den Eltern, und nutzen Sie solche **Themenfeste,** um ihre gemeinsamen Erlebnisse aus dem Kita-Jahr zu einem gebührenden Abschluss zu bringen.
Zudem könnten Sie das Fest in diesem Zuge auch eigens dazu nutzen, Ihre **pädagogische Arbeit für die Eltern transparent zu machen,** ihnen zu zeigen, womit Sie und die Kinder sich intensiv beschäftigt haben. Ob das Fest dann ein ganzes Jahr oder nur einen Projektmonat wiedergibt, ist dabei Ihnen überlassen und nur für die Planung relevant.

In diesem Buch möchte ich Ihnen Anregungen für verschiedene Themenfeste geben, um mit Eltern und Kindern **einmal anders zu feiern** und so gemeinsam ein unvergessliches Kita-Fest zu erleben. Meine Ideen, Tipps und Anleitungen verstehen sich dabei durchweg als jeweils eine von vielen Möglichkeiten, die Sie mit Ihren Kindern in der Kita aussuchen, variieren und entdecken können. Nehmen Sie sie als Impuls, und gestalten Sie daraus Ihr ganz eigenes Fest. Auf den folgenden Seiten habe ich Ihnen vorab noch ein paar allgemeine Hinweise, Tipps und Informationen zusammengestellt, die Ihnen bei der Planung eines jeden Festes eine gute Hilfe sein können.

Doch das Wichtigste ist: In erster Linie soll jedes Fest allen Beteiligten Freude machen und zu einem besonderen Erlebnis werden. Mit den Festideen in diesem Buch wünsche ich Ihnen nun viel Freude beim Planen und Feiern!

Yvonne Wagner

Bevor Sie loslegen können: Hintergründe, Tipps und Sachinfos

Gute Gründe für ein Themenfest

Ein Fest zu feiern bedeutet, in Gemeinschaft zu sein, zu lachen, sich wohlzufühlen. Meist gibt es einen Grund für ein Fest. In der Kita sind es Feste zum Abschluss eines Projektes, eines Themas, zu Weihnachten, Ostern oder zum Abschluss des gesamten Kita-Jahres. Immer noch ist es in vielen Kitas üblich, einmal im Jahr ein großes Fest zu feiern. Hierfür studieren die Kinder fleißig Tänze, Sketche und kleine Theaterstücke ein, sie basteln, malen und gestalten und stellen die Ergebnisse ihrer Bemühungen schließlich bei der Feier vor. Die Aufregung vorher und während der Feier ist häufig so groß, dass gerade einige der jüngeren Kinder damit überfordert sind. Beim Fest schließlich, falls sie sich trauen, an der Aufführung mitzuwirken, sind sie zwar meist stolz auf ihre Leistung, die größere Freude kommt aber vor allem bei den Eltern auf. Es ist für die Kinder eine große Herausforderung, so eine Aufführungsfeierlichkeit mit allem Drumherum durchzustehen. Und es bleibt zu fragen, warum so selten **Feste *für* die Kinder** gefeiert werden. Denn eigentlich sollten sie im Mittelpunkt des Freuens und Feierns stehen. Sie sollen Spaß haben und diesen mit den Eltern teilen dürfen.

Warum also nicht einmal ein Fest feiern, das an die Erfahrungen und Erlebnisse der Kinder anknüpft, die ihnen große Freude bereitet haben und die sie sicher gerne mit ihren Eltern teilen möchten? Ein Themenfest ist ein schöner Anlass und eine gute **Präsentationsmöglichkeit für all die Bildungserlebnisse,** die die Kinder über einen längeren Zeitraum und zu einem bestimmten Thema hatten. Bei einem abschließenden Themenfest dürfen sie ihre **Produkte, Erkenntnisse** und **Erlebnisse präsentieren.** Natürlich können auch hier kleine Theaterstücke aufgeführt werden, doch sind sie weniger Selbstzweck, als dass sie im Zusammenhang mit dem jeweiligen Festthema stehen und das **freiwillige Tun der Kinder** unterstützen sollen.

Aus diesem neuen Selbstverständnis des Kita-Festes ergibt sich die Möglichkeit, **die großen Feste nicht mehr ausschließlich am Jahresende** feiern zu müssen, sondern immer **dann, wenn es wirklich etwas zu feiern gibt,** wie etwa den Abschluss eines großen, bewegenden, erfahrungsreichen Projektes. Die Feste bekommen so eine ganz **neue Motivation** und haben dadurch im Gegensatz zu den herkömmlichen Kita-Jahres-Abschlussfesten einen ganz **besonderen Charakter**. Ziel ist es nun nicht mehr, den Eltern nur etwas vorzuführen, sie zu unterhalten. Vielmehr geht es bei einem Themenfest darum, dass Kinder, Erzieher und Eltern **gemeinsam feiern,** dass die Kinder mit ihren Eltern **neue Erfahrungen teilen** können. Die Kinder präsentieren auf einer Vernissage vielleicht ihre selbstgemachten Kunstwerke, oder sie erklären den Eltern an kleinen Forscherstationen, welche spannenden Dinge sie bei Wasser, Luft und Erde beobachtet haben ... Das hängt ganz davon ab, welche Sachen sie während der Projektzeit erlebt haben und was ihnen hier besonders wichtig ist. Ein Themenfest sollte sich daher immer an Ihrem gemeinsamen Projekt orientieren und Themen der Projektzeit aufgreifen. So können alle erleben, was die Kinder gelernt haben, und **aktiv daran teilhaben.** Das Fest bildet damit den gebührenden Abschluss einer Thematik bzw. eines Projektes. Finden solche Feste mehrmals im Jahr statt, können sie auch ruhig eine Nummer kleiner ausfallen. Die Kinder finden es sicher trotzdem spannend, wenn die intensive Auseinandersetzung mit einer Thematik durch ein Fest abgerundet wird, und sie fühlen sich gleichermaßen wertgeschätzt.

Wie Sie ein solches Fest planen und vorbereiten können, wen Sie bei der Planung wie ins Boot holen können und worauf Sie achten sollten, erfahren Sie auf den folgenden Seiten. (Konkretere Hinweise finden Sie dann jeweils bei den Themenfesten selbst.) Doch sollten Sie bei all dem nicht vergessen, die **Kinder bei der Planung** des Ablaufs und der Durchführung weitestgehend **miteinzubeziehen.** Schließlich ist es ihr Fest!

Mit den Eltern Hand in Hand

Sprechen Sie mit den Eltern über die **Erwartungen,** die sie an das bevorstehende Fest haben. So erfahren Sie am besten, wie sich die Eltern ihren Anteil an der Arbeit (Vorbereitung usw.) vorstellen und wie Sie sie infolgedessen **bei der Planung** und **Vorbereitung einbeziehen** können. Sie können auch einen anonymen **Umfragebogen** erstellen und austeilen. Hier werden einige Eltern sicher mutiger und noch ehrlicher antworten, als wenn Sie sie persönlich ansprechen.

Mit der Öffentlichkeit im Boot

Die Darstellung der Kita nach außen spielt in zunehmendem Maße eine Rolle. Nur wenn Kitas voll besetzt sind, ist die Finanzierung aller Planstellen gewährleistet. Die Bandbreite an pädagogischen Konzepten und Konzeptionen von Kindertagesstätten wird immer größer, sodass **Eltern** immer häufiger die Qual der Wahl haben, wohin sie ihr Kind schicken. Gemeinden und Städte, die zur Finanzierung der Kitas einiges beisteuern, wollen informiert sein und sichergehen, dass sich die Investitionen lohnen. Das tun sie dann, wenn ein Kindergarten neben liebevoller und verantwortungsbewusster Betreuung und Erziehung auch ein umfassendes **Bildungsprogramm** vorweisen kann. Ist das „Gesamtpaket" stimmig, sollten Kinder, Eltern, Team und **Träger** sowie die **Förderer** zufrieden sein.

Um das in der Öffentlichkeit zu vermitteln, braucht es **aktive Maßnahmen.** Ein **Kita-Fest,** das auf ein Projekt aufbaut, ist daher ein willkommener Anlass für **wirkungsvolle Öffentlichkeitsarbeit.** Es zeigt, was Kinder in einem lebensfrohen und respektvollen, wertschätzenden Umfeld lernen können. Die aktive Teilnahme am Fest ermöglicht zudem, sich auf Augenhöhe mit den Eltern zu begeben, um sich ein Bild über deren Zufriedenheit mit der Kita zu machen. Deshalb: Trommeln Sie laut, machen Sie Ihr außergewöhnliches Kita-Fest und Ihre Motivation dahinter bekannt, laden Sie Vertreter der Öffentlichkeit (zum Beispiel Pressevertreter der **Lokalpresse**) oder Ihren Träger persönlich ein, drucken Sie **Flyer, Einladungen, Plakate** oder was immer Ihnen sinnvoll erscheint, um auf Ihr Fest aufmerksam zu machen.
Ein Kita-Fest ist zudem auch ein willkommener Anlass, um eine **Kooperation** mit einer nahe gelegenen **Grundschule** anzustoßen. Vielleicht möchten Sie für Ihr Sportfest ja gerne die Turnhalle oder den Sportplatz der Grundschule nutzen? Dann können Sie direkt auch Lehrer und Schüler einladen, bei Ihrer festlichen „Olympiade" mitzumachen.

Versorgung, Kosten und Co.

Ein großes Fest zu feiern, kostet Geld. Denn die Kinder und Eltern, alle Gäste, sollen bewirtet werden. Was aber, wenn die Kita-Kasse leer ist? Wieder einmal die Eltern bitten, ob sie nicht Kuchen, Salate usw. mitbringen können? Vielleicht ist es die gesunde **Mischung aus Mitgebrachtem** und **Zur-Verfügung-Gestelltem,** die so oft ein gelungenes Fest ausmacht. Die bunte Vielfalt der mitgebrachten Leckereien bereichert jedes Buffet. Machen Sie einfach keinen Zwang daraus, sondern **reduzieren Sie die Menge** der nötigen Mitbringsel auf ein Minimum: Pro Gruppe mit 25 Kindern sollten es beispielsweise höchstens fünf Kuchen werden. Vielleicht können Sie im Vorfeld bei der Planung bereits etwas Zeit einrechnen, die Sie **mit den Kindern gemeinsam fürs Backen** und/oder **Kochen** verwenden, denn wenn die Kinder selbst etwas zum Essen beisteuern dürfen, sind sie sehr stolz auf ihren Beitrag.

Je größer das Fest werden soll, desto interessanter ist es, **Sponsoren** dafür zu suchen. Denn für sie ist jede Werbung gut. Wenn Ihr Fest so groß sein wird, dass Sie auch Gäste aus dem Dorf, Stadtteil und andere Externe erwarten, lohnt sich die Werbung sicher für örtliche Firmen, wie zum Beispiel die **örtliche Bäckerei.** Bieten Sie an, ihr **Logo auf die Einladung** zu drucken oder sie als Sponsoren zu erwähnen.

Fragen Sie auch nach besonderen Konditionen: Bieten Sie beispielsweise an, auf den Einladungen an die Eltern mit dem Bäckerei-Logo zu werben, wenn Sie dafür eine Kiste Brezeln oder Baguettes zu Ihrem Fest beigesteuert bekommen. Genauso verfahren Sie bei Getränken. Der örtliche Getränkelieferant kann Ihnen die **Getränkekästen sicher in Kommission** zur Verfügung stellen. Das heißt, Sie bezahlen nur, was auch wirklich getrunken wird, sparen das Pfand und müssen so keine große Summe auslegen. Die vollen Träger können Sie später zurückgeben.

Leihen Sie Geschirr vom örtlichen **Geschirrservice** aus. Diesen erreichen Sie oft über **Nachbarschaftsvereine** oder **Umweltschutzvereine.** Oder Sie fragen bei einem **Catering-Service** nach den Bedingungen. Natürlich können die Gäste auch einfach **selbst Geschirr mitbringen.** Es hat sich aber gezeigt, dass dies etwas umständlich ist, weil alle am Ende noch schnell ihr Geschirr spülen wollen. Auch vergessen meist recht viele ihr Geschirr, und es muss schließlich doch von der Kita gestellt werden.

Seien Sie kreativ! Überlegen Sie sich mit den Kindern eine sinnvolle und fantasievolle **Alternative für die Geschirrversorgung. Passend zum Thema des Festes** eignen sich die verschiedensten Behälter, zum Beispiel leere Kokosnuss-Schalen als Schüsseln (bitten Sie rechtzeitig darum, diese zu sammeln). Holzbretter können die Kinder **selbst anfertigen.** Bitten Sie beim Baumarkt oder Schreiner um Massivholzabfälle in verschiedenen Größen. Sägen Sie sie mit den Kindern zurecht, lassen Sie die Kinder fleißig die Kanten feilen, und schleifen und ölen Sie die Stücke zum Schluss mit Speiseöl oder einem geschmacks- und geruchsneutralen Holzöl ein.
Die einfachste Art, das Geschirr zu reduzieren, ist es, **Fingerfood** anzubieten. So braucht jeder nur eine Serviette, um sich die Finger zu reinigen.

Wenn man drinnen feiert

Leider kann nicht immer draußen gefeiert werden. Wenn das Wetter nicht mitspielt oder einfach kein geeigneter Platz im Freien vorhanden ist, müssen Kinder, Eltern und Erzieherinnen im Haus feiern. Da heißt es, gut zu durchdenken und zu planen, **wie viele Gäste** erwartet werden, **wie viel Bewegungsfreiraum** vorhanden sein muss usw. Schwierig wird es, wenn nicht einmal ein großer Bewegungsraum vorhanden ist. In den Gruppenräumen zu feiern bedeutet, dass vorher alle **Möbel ausgeräumt** werden müssen. Zumindest müssen sie an die Wände geschoben und gesichert werden, denn, wenn wild getobt wird, könnten sonst Möbelstücke umfallen.

Vorsicht Musik!

Egal, ob es Musik aus der „Konserve", also zum Beispiel von CDs, sein soll oder eine Live-Band spielen wird: Sorgen Sie rechtzeitig dafür, dass die **Urheberrechte** gewahrt bleiben, und kümmern Sie sich um evtl. anfallende **GEMA-Gebühren.** Unter **www.gema.de** finden Sie hierzu alle nötigen Informationen, oder nutzen Sie die telefonische Beratung der GEMA. Die Kontaktdaten finden Sie ebenfalls auf der GEMA-Internetseite.

Sicherheit ist alles

Denken Sie immer an die **Erste Hilfe.** Legen Sie **Notrufnummern** bereit, sodass jeder direkt auf sie zugreifen kann. Halten Sie **Verbandskästen** samt Einweg-Handschuhen bereit, Pflaster und Scheren für kleine Verletzungen, und überprüfen Sie die Erreichbarkeit und Funktion der **Feuerlöscher.** Soll gegrillt werden, halten Sie ausreichend Löschwasser bereit. Findet ein Lagerfeuer statt, informieren Sie sich über Genehmigungen und Sicherheitsmaßnahmen bei der Feuerwehr.

Alkohol und Zigaretten – ein No-Go

Kinder sollen lernen, wie man mit Alkohol umgehen muss, um die eigene Gesundheit nicht zu gefährden. Daher meint so mancher, dass es durchaus in Ordnung ist, auch bei Kinderfesten Alkohol auszuschenken. Hier wird keiner „über den Durst trinken". Und wenn die Eltern noch beisammensitzen wollen, ist ein Gläschen Wein oder eine Flasche Bier dazu doch etwas ganz Gemütliches. Aber ist es nicht viel mehr so, dass die Kinder dann Alkohol als etwas „Normales" empfinden, das dazugehört, wenn Erwachsene feiern? Gehört Alkohol tatsächlich so sehr dazu? Und wieso setzen sich die Eltern überhaupt gemütlich zusammen – es ist doch ein Kinderfest? Da es sich in diesem Buch ausschließlich um das Wohl der Kinder dreht, um ihre Feste, ihre Höhepunkte des Jahres, bin ich der Meinung, Alkohol muss auf keinem Fest dabei sein. Denn als Erwachsene sollten Sie zeigen, dass Feiern eine **gemeinschaftliche, fröhliche Aktion** ist, die mit **Wasser, Limo** oder **Tee** genauso gut stattfinden kann. Beim Rauchen liegt der Fall ähnlich: Da inzwischen fast in allen öffentlichen Räumen das Rauchen verboten ist, sollte das Thema auch in der Kita keine Rolle spielen. Leider werden gerade bei großen Festen immer wieder Ausnahmen gemacht, um den Eltern einen geselligen Nachmittag zu bescheren. Stellen Sie für die Eltern **vor der Kita,** zum Beispiel am Parkplatz, also im öffentlich zugänglichen Bereich, einen **Sand-Aschenbecher** auf, damit sie dort rauchen können. Direkt im Kita-Bereich, auch im Garten, sollten Zigaretten aber nichts zu suchen haben.

Nach dem Fest ist vor dem Fest!

Legen Sie ein **Feste-Tagebuch** oder einen **Feste-Ordner** an, in dem Sie alle **Planungen notieren** und **Beobachtungen, Reflexionen** und **Nachbesprechungen** festhalten können. So haben Sie immer alles griffbereit, wenn es um die Planung des nächsten Festes geht. Wenn Sie mit den Kindern über das Fest sprechen, sollten Sie ebenfalls alle wichtigen Ideen und Anregungen in diesem Feste-Ordner festhalten.

8 Bildungsbereiche – 8 Festideen

Auf Weltreise – ein Fest der **Kulturen**

Großes Orchester-Konzert – ein **Musik**-Fest

Spaß, Spiel, Olympia – ein **Sport**-Fest

Ausstellung und Atelier – ein **Kunst**-Fest

Sprechreize, Sprachanreize – ein **Wörter**-Fest

Nachhaltiges Messe-Erlebnis – ein **Umwelt**-Fest

Vorhang auf, Bühne frei – ein **Theater**-Fest

Forscher-Rallye und Entdeckergeist – ein **Tüftel**-Fest

Auf Weltreise – ein Fest der Kulturen

Warum ein Fest der Kulturen?

Deutschland ist ein Land, in dem Menschen aus aller Welt leben – das spiegelt sich in Kindergärten, Krippen und Horten wider. Egal, ob Kinder die dritte oder vierte Generation von so genannten Gastarbeitern aus Südeuropa sind oder ihre Eltern gerade aus einem afrikanischen Kriegsgebiet geflüchtet sind, sie gehören dazu, heute mehr denn je. Um allen Kindern, egal welchen **kulturellen Hintergrunds,** welcher Hautfarbe und mit welchen Handicaps, die gleiche Geborgenheit, Erziehung und Bildung anzubieten, ist es notwendig, bewusst **inklusiv** zu erziehen. Dazu gehört aber auch, **Vorurteile** abzubauen. Das geht am besten, wenn die Kinder verschiedene **Länder** und **Kulturen kennenlernen.**

Bieten Sie ein Projekt an, das, entsprechend der Interessen der Kinder, verschiedene Länder anspricht. Das Motto des Festes „Reise durch die Welt" legt noch nicht fest, welche Länder hier miteinbezogen werden. Während eines Jahres können Sie mit den Kindern verschiedene Länder kennenlernen oder auch die verschiedenen Kontinente (Asien, Amerika, Europa, Afrika, Australien) „bereisen". Es ist jedoch sinnvoll, in erster Linie auf die **Länder** einzugehen, zu denen die Kinder einen **unmittelbaren Bezug** haben, sei es durch ihre Abstammung oder durch Besuche im Urlaub.
Die Festidee „Reise durch die Welt" können Sie im Hinblick auf eine Projektzeit mit folgenden Ländern bzw. Kontinenten erarbeiten: Italien, Türkei, Asien, Afrika, Nordamerika. Zum Thema „Reise durch die Welt" bietet es sich an, eine **Musik-Theater-Reise** in verschiedene Länder in Form einer **Aufführung** der Kinder zu gestalten. Die Eltern und anderen Gäste sind eingeladen, mitzureisen. Anschließend gibt es ein **internationales Buffet** und, wenn noch viel Zeit ist, **Aktionen und Spiele aus den „bereisten" Ländern** sowie **Musik und Kunst aus aller Welt.**

Den Ablauf und die Planung sollten Sie auf die Gäste mit ihren unterschiedlichen kulturellen Hintergründen abstimmen, indem Sie zum Beispiel **Einladungen in verschiedenen Sprachen** gestalten und ein passendes Programm zusammenstellen.
Folgende Fragen sollten Sie sich daher unbedingt im Vorfeld stellen:

- Welche Nationalitäten sind in der Kita vertreten?
- Mit welchen Ländern wollen Sie sich beschäftigen? Wollen Sie eine Reise um die ganze Welt oder nur einen Kontinent bzw. ausgewählte Länder bereisen?
- Gibt es Eltern oder Kollegen, die etwas beitragen können?

In erster Linie sollte die Reise in die Länder gehen, die in der Kita vertreten sind. So können die Kinder **„ihr" Land vorstellen.** Häufig fällt der Migrationshintergrund unter den Kindern gar nicht (mehr) auf, und die Kinder staunen, was es im **Land ihrer Eltern und Großeltern** alles zu erleben und zu entdecken gibt. Da nicht in jeder Kita gleich viele Kinder denselben **Migrationshintergrund** haben und in manche Kita fast keine deutschen Kinder mehr gehen, müssen Sie als Erzieherin mit den Kindern gemeinsam entscheiden, welche Länder sie letztendlich „bereisen" wollen. Mit diesen Ländern beschäftigen Sie sich dann gemeinsam im Laufe des Kita-Jahres, bis die Kinder beim Fest in Form eines Musiktheaters präsentieren können, was sie über die Länder erfahren haben.

Zur Planung und Vorbereitung

Räumlichkeiten und Material

Die Räumlichkeiten einer Kindertagesstätte reichen für ein Weltenfest vollkommen aus. Ideal wäre ein **großer Raum** mit einer **Bühne** für die Aufführung der Kinder. Diese kann aber auch draußen stattfinden.

Musik

Eine Reise durch verschiedene Länder sollte unbedingt mit Musik begleitet werden. Musik drückt aus, wie Menschen denken, fühlen und welches Temperament sie besitzen. Typische Musik zu finden, ist gar nicht so einfach, denn meist handelt es sich um eine Klischeevorstellung, wenn man an typische Weltmusik denkt. (Aber: Auch in Deutschland gibt es nicht nur Volksmusik und Lederhosen!)

Für das Theaterstück der Kinder wählen Sie passend **klassische, folkloristische** oder auch **moderne Musik** aus. Für die Feier selbst kommen bei jungen und alten Gästen meist **aktuelle Hits** am besten an. Bevor Sie also **alte Volkslieder** mühsam heraussuchen, kaufen Sie ein paar CDs mit moderner Popmusik, zu der das Publikum tanzen kann. Wenn Sie aber lieber traditioneller feiern wollen, versuchen Sie, **Musikgruppen** zu engagieren, die typische Volksmusik spielen können. Oder kaufen Sie passende CDs im Fachhandel, und stellen Sie daraus einen Mix zusammen, den Sie im Hintergrund abspielen.

Speisen und Getränke

Mitgebracht werden Speisen und Getränke, sofern Sie das Zubereiten nicht zu einem größeren Punkt Ihres „Welt-Projektes" gemacht haben. Wenn Sie für Ihr Fest Länder behandeln, die auch unter der Elternschaft vertreten sind, gibt es sicher besondere Leckereien. Hier gebe ich Ihnen daher nur einige **Anregungen für ein ausgewogenes Welten-Buffet:**

- **Italien:** Eis, Pizza, Spaghetti, Aranciata (selbstgemacht), Cappuccino
- **Türkei:** Döner, Tomatensalat, Simit (Sesamring), Fladenbrot
- **Asien:** Reis, Wok-Gemüse, Fleisch- und Fischhäppchen als Curry, Frühlingsrollen, Pakora, kalter Minztee mit Kiwi-Saft
- **Afrika:** Hirse- oder Maisfladen, Fleischbällchen, Tee, Couscous mit Gemüse oder Fleisch
- **Nordamerika:** Hamburger, Barbecue, Popcorn, Softeis

Tipp

Auf einschlägigen Kochseiten im Internet, wie **www.chefkoch.de,** finden Sie mitunter sehr gute, unaufwändige internationale Rezepte.

Gegessen wird **mit Stäbchen, mit der Hand** (es sollten also Waschbecken und saubere Handtücher in der Nähe sein) oder mit **Porzellanlöffeln,** und wenn möglich, gibt es dazu auch die Gelegenheit, **auf dem Boden** zu essen (zum Beispiel auf großen Picknickdecken). Es könnten auch verschiedene **Ess-Ecken** eingerichtet werden: Hier gibt es die Sitzecke für die Gäste, die gerne auf dem Boden essen wollen, und dort die amerikanische Ecke mit Biertischen und -bänken, um „stilvoll" sein Barbecue zu verzehren.

Dekoration und Atmosphäre

Die Dekoration des Festes besteht in erster Linie aus Bildern und Gegenständen, die die Kinder während der Projektzeit gestaltet haben. Dazu können **Flaggen, Fähnchen** und **typische Symbole** die Räume und das Buffet zieren. Kleine Fähnchen aus bemalten Papierdreiecken können die Kinder an Zahnstocher und Spieße kleben, um sie **in die Speisen zu stecken.** Kleine **Windlichter** und **Lampions** sorgen für eine asiatische Stimmung.

Personal und Zuständigkeiten

Setzen Sie im Vorfeld bereits fest, wer als Regisseur bzw. **Spielleiter die Aufführung** leitet und wer die **Oberaufsicht über das Fest** hat. So gibt es jeweils eine feste Anlaufstelle, die alle Fragen und Anre-

gungen sammelt und wiederum Aufgaben delegieren kann.
Für die Aufführung sollten die jeweiligen **Betreuer den Akteuren zur Seite stehen.** Des Weiteren ist es sinnvoll, eine Person als **„Tontechniker"** einzusetzen, damit Mikrofone und Audiogeräte auch funktionieren. Soll die Aufführung gefilmt werden, fragen Sie am besten, ob jemand aus der Elternschaft das übernehmen kann.
Für das **Buffet** und die Getränke, die **Küche** und auch die Überwachung der **Sanitäranlagen** (ist genug Toilettenpapier da, funktioniert das Licht?) sollte jeweils mindestens ein **Ansprechpartner** verfügbar sein.

Öffentlichkeitsarbeit

Laden Sie Menschen aus der Gemeinde ein, am Fest teilzunehmen, sofern Sie dafür Platz haben und die Kinder mit so einem großen Rahmen zurechtkommen. Haben Sie im Ort **Vereine** oder **Gruppen, die sich mit anderen Ländern befassen,** oder Menschen, die aus Ländern stammen, die bei Ihrem Fest vorkommen? Fragen Sie, ob sie teilnehmen und vielleicht einen Beitrag (Bilder zeigen, Tänze vorführen, musizieren usw.) leisten möchten.

Finanzierung

Sprechen Sie **Gastronomen, Lebensmittelgeschäfte** und **andere Geschäftsleute** an, die eines der Länder vertreten, die bei Ihrem Fest erwähnt werden. Vielleicht erhalten Sie Sachspenden oder eine **finanzielle Unterstützung,** zum Beispiel im Gegenzug zu einer Erwähnung auf der Einladung.

Ablauforganisation im Team

Sprechen Sie sich ab, welchen Teil die jeweiligen Gruppen der Einrichtung beim Fest und bei der Aufführung übernehmen möchten. Oder bilden Sie eigens für dieses Fest **feste Gruppen.** Die Kinder könnten pro Gruppe ein bis zwei Länder „bereisen" und beim Fest vorstellen. Das heißt, Sie kümmern sich bei der Aufführung mit Ihrer Gruppe um diesen Länderteil und sorgen hierzu auch für mögliche Stände oder Aktionen beim restlichen Fest.

Einladungen

Die Einladungen sollten natürlich zum Fest passen. Egal, ob Sie hierfür eine Weltkugel gestalten, ein Flugzeug oder auch eine Pop-up-Karte – die Einladung sollte motivieren, ein Fest in Ihrer Kita gemeinsam mit den Kindern feiern zu wollen. Wenn Sie die Möglichkeit haben, können Sie den **Einladungstext in die verschiedenen Sprachen** übersetzen (lassen), die von Eltern Ihrer Einrichtung gesprochen werden. So stellen Sie sicher, dass alle die Einladung verstehen.

Um das Thema „Reise" aufzugreifen, können Sie die getippte und kopierte Einladung auf eine große **Landkarte** kleben. Falten Sie den Bogen anschließend wie einen Stadtplan, sodass der Einladungstext innen ist.

Tipp

Landkarten können Sie von Karten-Druckereien geschenkt bekommen (es gibt dort viel Ausschuss- und Restware) oder aber auf Flohmärkten und in Büchereien finden. Dort werden alte Karten regelmäßig aussortiert und weggeworfen.

Je nachdem, mit welchem Fahrzeug die Kinder „reisen", kann das **Fahrzeug-Motiv** auch für die Einladung aufgegriffen werden. Eine DIN-A4-Einladung können die Kinder als **Papierflieger** falten. Wenn sie darauf achten, dass die Außenseiten des Rumpfes aus der Rückseite der Einladung bestehen, können sie sogar noch Fenster aufmalen. Auch ein großer **Bus** sieht schön aus. Er wird aus Tonpapier oder Fotokarton doppelt ausgeschnitten, sodass an einer Seite ein Falz bleibt. Nun können die Kinder den Bus bunt bemalen und nach ihren Vorstellungen gestalten, und innen kleben Sie schließlich die Einladung ein. Vielleicht haben Sie von den Kindern oder gar den geladenen Gästen kleine Fotos. Diese können die Kinder in die Fenster des Busses kleben.

Eine dritte Variante für die gestalteten Einladungen sind **Reisetickets.** Sie könnten mit den Kindern Flugtickets gestalten, die mit den nötigen Informationen versehen werden. Als Logo der Fluggesellschaft setzen Sie Ihr Kita-Logo ein. Oder Sie gestalten eine Art Reiseprospekt, der die Vorzüge der „Welt-Reise" beschreibt. Bei den Formulierungen können Sie Ihrer Kreativität freien Lauf lassen, sofern die Gäste noch eine Vorstellung davon erhalten, was Sie auf ihrer festlichen „Reise" erwartet.

Klappkarten aus Tonpapier oder **Fotokarton** werden aufgepeppt, wenn Sie mit den Kindern kleine **„Pop-ups"** basteln. Das kann eine **Weltkugel** sein, die beim Aufmachen eine runde Form annimmt, oder eine **Kette** aus vielen Kindern, die sich an der Hand halten.

Auftakt zum Fest der Kulturen: eine Musik-Theater-Aufführung

Der Auftakt und gleichzeitig auch der Höhepunkt des Festes ist die Aufführung der Kinder. In einer kleinen **Musik-Theater-Aufführung** spielen sie eine **Weltreise** nach und nehmen die Eltern dabei mit, indem sie sie **durch die verschiedenen Länder** führen. Was die Kinder letztendlich aufführen, hängt von ihren Erfahrungen während der Projektzeit ab. Sie sollten selbst mitentscheiden können, was sie sehenswert finden und welche Attraktion sie in diese szenische Reise integrieren wollen.

Beispielhafte Spielanregungen für das Fest der Kulturen finden Sie unter den Spielen und Aktionen zu den einzelnen Ländern. Vielleicht haben Sie ja einige dieser **Spiele** und **Aktionen** auch schon so weit vorbereitet, dass diese sich bereits **in die Aufführung integrieren lassen.** Das entscheiden Sie mit den Kindern, inwieweit Sie hier schon Spiele in Ihre Aufführung aufnehmen möchten, oder ob die Spiele und Aktionen erst im Anschluss an Ihre Aufführung angeboten werden sollen.

Beginnen Sie mit dem **Lied,** das Sie gemeinsam mit den Kindern singen.

Nun stellen die Kinder **Italien** in einer kleinen **szenischen Darbietung** vor. Das könnte zum Beispiel so aussehen: Die Kinder spielen eine Gruppe Reisender, die vor dem schiefen Turm von Pisa steht und lustige Fotos davon macht (vielleicht haben sie diese Kulisse bereits im Vorfeld gemalt). Ein Kind quengelt, dass es Hunger hat, sodass die Gruppe nun ein Restaurant suchen muss. Die Reisenden fragen ein Kind (natürlich von einem italienisch sprechenden Kind Ihrer Einrichtung gespielt) nach

Musik und Text: Yvonne Wagner

dem Weg – so kommt auch die italienische Sprache im Stück vor. Natürlich verstehen die Reisenden nicht alles von dieser Wegbeschreibung und verlaufen sich. Sie entdecken allerhand Sehenswürdigkeiten (ruhig auch aus verschiedenen Städten) und lernen andere Kinder kennen. Als sie dann endlich am Restaurant ankommen, ist es geschlossen. Aber zum Glück ist daneben eine Eisdiele. Hier könnte es jetzt Eis für alle geben – auch für die Gäste. So ist das Stück für einen Moment aufgelockert, das Publikum hat eine Pause, bevor die Reise ins nächste Land mit einer weiteren Strophe beginnt.

Spiele und Aktionen: Italien

Gondoliere

Das brauchen Sie:

- einfache Rollbretter (zum Beispiel Transport-Rollbretter aus dem Baumarkt)
- Holzstangen
- Seile

Tipp

Alternativ können Sie mit den Kindern natürlich auch Rollbretter selbst herstellen, zum Beispiel aus Holzbrettern und Rollen zum Anschrauben.

So geht es:

Legen Sie Seile als Wegbegrenzungen aus, die die Kinder nun mit ihrer „Gondel" (Rollbrett) abfahren müssen. Dafür stehen sie auf der „Gondel" (jüngere Kinder sitzen sicherheitshalber) und stoßen sich mit Holzstangen ab, wie die Gondolieri in Venedig.

Variation:

Aus dem Geschicklichkeitsspiel kann ein Wettspiel werden, wenn mehrere Gondolieri nebeneinander abfahren und versuchen, eine Strecke als Schnellster zurückzulegen.

Trigon

Gut zu wissen:

Trigon ist ein Ballspiel, bei dem wenigstens drei Spieler mitspielen müssen.

Das brauchen Sie:

- mehrere Bälle, mindestens drei pro Trigon (Dreiergruppe)

So geht es:

Drei Spieler stehen im Dreieck aufgestellt. Sie werfen sich gleichzeitig Bälle zu. Das geht anfangs am besten auf Kommando. Wer einen Ball fallen lässt bzw. nicht fängt, verliert ein Leben (wie viele Leben die Spieler haben, entscheiden Sie vorher gemeinsam). Alternativ könnte die Strafe auch das Ausscheiden des Spielers sein. Nun kommt ein neuer Spieler an die Reihe und fügt sich ins Trigon.

Variation:

Es können auch mehrere Trigone (Dreiergruppen) gleichzeitig spielen. Scheiden hier einzelne Spieler aus, können sich die übrigen immer weiter zu neuen Trigonen zusammenstellen, bis am Schluss nur noch drei Spieler (also ein Trigon) übrig bleiben und der Gewinner der letzte Verbliebene ist.

Spiele und Aktionen: Türkei

Nazar – Glücksbringer

Das brauchen Sie:
- Fimo®
- Lederbänder

Tipp
Denken Sie daran, dass Sie eine feste Backzeit, zum Beispiel eine Stunde vor geplantem Ende des Festes, einplanen.

So geht es:
Aus Fimo® gestalten sich die Besucher kleine Glücksbringer, die sie an Lederbändern um den Hals tragen können. Nazar ist eine Art „schützendes Auge“: Meist ist die Grundform tropfenförmig oder rund wie ein Auge oder auch mal herzförmig. Die Farbe des „Auges“ ist blau, und in der Mitte befindet sich ein schwarzer Punkt, der häufig von einem weißen Rand umgeben ist. Natürlich können die Besucher ihren Glücksbringer auch frei gestalten.

Gut zu wissen:
Nazar Boncuk – diese Glücksbringer kaufen Eltern ihren neugeborenen Kindern, um sie vor Neid und bösen Wünschen zu schützen. Sie hängen aber auch an verschiedenen Orten in der Türkei, um Glück zu bringen.

Misket – Murmelspiel

Das brauchen Sie:
- fünf Murmeln für jeden Spieler
- eine Murmel für die Mitte
- sandigen Untergrund

So geht es:
Bei dieser türkischen Variante des Murmelspiels können vier bis fünf Kinder zugleich spielen. Jeder Spieler erhält fünf Murmeln. Die Spieler stehen oder hocken im Kreis auf Sand- oder Erdboden. In ihrer Mitte liegt eine weitere Murmel. Nun wirft der erste Spieler eine Murmel zu der Murmel in der Kreismitte und versucht, sie dabei zu treffen. Trifft er, darf er seine Murmel wieder nehmen und bekommt einen Punkt. Trifft er nicht, ist die Stelle, an der die Murmel liegen bleibt, sein Ausgangspunkt für den nächsten Versuch in der zweiten Runde. Hierbei wird dann aber nicht mehr geworfen, sondern mit dem Finger geschnippt, um die Murmel in der Mitte zu treffen.

Variation:
Hat ein Spieler die Murmel in der Mitte getroffen, könnte er diese auch erhalten, und man legt für die nächste Runde eine neue Murmel in die Mitte. Der Spieler, der am Ende die meisten Murmeln hat, hat gewonnen.

Spiele und Aktionen: Asien

Tangram

Tangram ist ein asiatisches Legespiel aus sieben geometrischen Formen, die aus einem Quadrat „herausgeschnitten" sind.

Das brauchen Sie:
- Holzplatten oder dicke Pappe
- Laubsäge oder Schere bzw. Cutter
- Bleistift

So geht es:
Stellen Sie mehrere Tangram-Spiele her, und bieten Sie an, damit Figuren zu legen oder zu versuchen, ein vollständiges Quadrat zu legen. Die Tangram-Teile können Sie in der Projektzeit aus Holz mit den Kindern herstellen oder aus dicker Pappe zuschneiden.

Tipp

Ein sehr großes Tangram reizt die Kinder sicher besonders zum Bauen und Variieren. Fragen Sie doch einen Schreiner, ob er für die Kita solch ein großes Spiel an seiner Kreissäge zuschneiden kann.
Unter dem Schlagwort „Tangram" finden Sie im Internet zahlreiche Vorlagen und Figuren, die die Gäste legen können, zum Beispiel unter **http://de.wikipedia.org/wiki/Tangram.**

Otedama

Gut zu wissen:
In Japan wurde früher – und mancherorts auch heute – mit kleinen Stoffsäckchen, die mit Bohnen oder Reis gefüllt sind, gespielt. Die Kinder entwickelten bei diesem Spiel verschiedene Stufen des geschickten Werfens. Aber auch die Formen der Säckchen, genannt Ojami, variieren von einfachen rechteckigen Säckchen bis zu Tier- und Menschenformen.

Das brauchen Sie:
- Stoffreste, Filz
- Bohnen oder Reis zum Befüllen (alternativ: kleine Steinchen, alte Knöpfe, Kirschkerne oder Getreidespelzen)
- Materialien zum Verzieren, zum Beispiel Bändchen und Glöckchen
- Schere, Kleber
- Nadeln und Zwirn

So geht es:
Die Besucher gestalten ihren eigenen Ojami, indem Sie die Stoffstücke mit einem Material ihrer Wahl befüllen und zubinden. Anschließend können Sie ihren Ojami noch verzieren. Die Ojamis sollten etwa so groß wie die eigene Handfläche sein. Wer mag, kann auch Bändchen oder Glöckchen annähen.

Das anschließende Spiel macht besonders Spaß, weil jeder seinen Ojami dabei präsentieren kann. Dabei werfen sich die Spieler gegeseitig ihre Säckchen zu, kicken sie mit dem Fuß oder Knie vor sich in die Höhe oder Ähnliches. Der Fantasie sind keine Grenzen gesetzt.

Spiele und Aktionen: Afrika

Perlenketten auffädeln

Perlenschmuck ist in Afrika sowohl bei Frauen als auch bei Männern weit verbreitet. Die Gäste dürfen sich hier selbst Perlenketten auffädeln.

Das brauchen Sie:

- stabile Schnüre (Zwirn, Nylonschnur, Gummischnur)
- Nadeln
- Verschlüsse
- Perlen
- Basteldecke oder Basteltisch
- flache Materialschalen

So geht es:
Stellen Sie den Gästen die Materialien an einem Basteltisch oder in einer Bastelecke zur Verfügung. Zur sortierten Aufbewahrung der einzelnen Materialien eignen sich flache Schüsseln oder Schalen gut. Für die Arbeit ist es besonders schön, wenn die Gäste auf einer Decke sitzen können – am besten eine einfarbige, weil man darauf die Perlen gut wiederfindet.

Pfeil und Bogen

Nicht nur die „jungen Krieger“, also die Jungen, haben ihre Freude daran, Pfeil und Bogen zu bauen und damit zu schießen. Auch viele Mädchen und erwachsene Gäste machen sicher gerne mit.

Das brauchen Sie:

- Rundhölzer oder gerade Zweige
- Handschnitzmesser oder Küchenmesser
- elastische Äste für die Bögen
- stabiler Bindfaden
- Stoffsäcke oder alte Kopfkissenbezüge, gefüllt mit Sägespänen oder Stroh

So geht es:
Die Pfeile stellen die Kinder aus gekauften Rundhölzern oder aus selbstgesuchten geraden Zweigen her. Mit einem Handschnitz- oder kleinen Küchenmesser schnitzen sie die Spitze. Am Ende des Pfeils schneiden sie eine kleine Kerbe ein, damit der Pfeil auf die Sehne des Bogens aufgesetzt werden kann. Der Bogen besteht aus einem etwas elastischen Ast.

Tipp
Bitten Sie Eltern schon ein paar Wochen vorher, mit den Kindern gemeinsam Äste und Zweige zu suchen und mitzubringen, da das Sammeln auf dem Fest sonst zu zeitaufwändig wird.

Als Sehne des Bogens knoten die Kinder den stabilen Bindfaden an beiden Enden des Bogens fest. Jetzt kann das Zielschießen beginnen. Dazu stellen Sie den „Kriegern“ die gefüllten Stoffsäcke oder Kissenbezüge als Zielscheibe zur Verfügung.

Tipp
Styroporplatten als Zielscheiben sind noch einfacher zu treffen, weil die Pfeile darin leicht stecken bleiben. Eine große Umzugskiste, am Boden mit Steinen beschwert, ist ebenfalls geeignet.

Spiele und Aktionen: Nordamerika

Hundeschlitten-Rennen

In Alaska finden jährlich traditionelle Hundeschlitten-Rennen statt. Beim Weltenfest dürfen die Gäste die sommerliche Alternative nachspielen.

Das brauchen Sie:
- Rollbretter als Schlitten
- Seile
- evtl. mit Wasser gefüllte Becher

So geht es:
Ein Kind sitzt auf einem Rollbrett und hält ein Seil an beiden Enden fest. Ein anderes Kind oder ein Erwachsener spielt den Hund und stellt sich vor das Rollbrett. Das Seil liegt vor seiner Brust, er hält es mit beiden Händen fest, damit es ihn nicht einschnürt. Die „Schlitten" werden nebeneinander aufgestellt, und auf Kommando laufen die „Hunde" los. Wer bringt den Schlitten zuerst ans Ziel, ohne den Fahrgast dabei zu verlieren?

Variation:
Ist das Spiel zu leicht, können die Gäste dabei noch etwas transportieren, zum Beispiel einen Becher Wasser.

Ultimate

Gut zu wissen:
Für dieses Spiel brauchen Sie etwas Platz. Spielen Sie es zum Beispiel auf einer großen Wiese mit mindestens zwei Mitspielern.

Das brauchen Sie:
- Kunststoff- oder Gummischeibe

So geht es:
Eine Kunststoff- oder Gummischeibe wird zugeworfen und „fliegt" zum Mitspieler, ohne dabei den Boden zu berühren. Es wird *miteinander* gespielt – ohne Sieger und Verlierer.

Tipp

Die Flugscheiben können die Kinder auch selbst herstellen: Dazu verwenden sie einfach Pappteller (Partyteller), denn diese fliegen auch sehr gut. Besonders schön sieht es aus, wenn die Kinder sie bunt bemalen und mit Fransen aus Krepppapier verzieren.

Ein Blick zurück: erlebt, gelernt, dokumentiert

Während der Projektzeit haben die Kinder bereits viel über verschiedene Länder gelernt, aber auch über sich und das Miteinander mit andern Kindern. Dies zeigte sich schließlich beim Fest.

Lassen Sie die Projektzeit und das Fest noch einmal **Revue passieren,** denken Sie an besondere oder auch kleinere alltäglichere Dinge, die Sie bei den Kindern beobachtet haben.
Beantworten Sie für sich diese **Fragen:**

- Was haben die Kinder mitgenommen?
- Welche kulturellen Werte sind in Erinnerung geblieben?
- Wie gehen die Kinder nun mit dem Thema „Anders“ und „Andere Länder“ um?
- Was konnten sie während des Festes an die anderen Gäste weitergeben?

Eine solche Reflexion lässt sich natürlich auch sehr gut gemeinsam im Team durchführen. Hilfreich ist es sicher, wenn Sie Ihre Gedanken und Beobachtungen **schriftlich festhalten** und beispielsweise zusammen mit den anderen Festunterlagen in einem **Ordner** archivieren.

Sprechen Sie natürlich auch **mit den Kindern,** was für sie das Wichtigste ist, das sie sich über die gesamte Projektzeit und das Fest gemerkt haben. Schreiben Sie die Sätze auf ein **großes Plakat,** und bitten Sie die Kinder, etwas dazu zu zeichnen, damit auch andere Kinder verstehen, was dort steht. Mögliche Sätze könnten zum Beispiel sein: *„Alle Kinder möchten spielen.“ „Alle Menschen haben Gefühle.“ „Die Hautfarbe ist doch egal – Hauptsache das Kind ist nett!“*
Nutzen Sie die Sätze auf dem Plakat, um mit den Kindern **über Kinderrechte** zu sprechen, aber auch, um mit ihnen zu **philosophieren.**

Tipp

Gibt es in der Nähe ein Asylbewerberheim? Fragen Sie nach, ob es möglich wäre, an einem Tag in der Woche oder im Monat, Kinder von dort einzuladen, die mit den Kindern Ihrer Einrichtung gemeinsam spielen, basteln, sich bewegen und essen. So können Vorurteile abgebaut werden, und eine neue Offenheit füreinander entsteht.

Ausstellung und Atelier – ein Kunst-Fest

Warum ein Kunst-Fest?

Das Kennenlernen der eigenen schöpferischen Kraft und der Möglichkeiten des **künstlerischen Ausdrucks** verschafft den Kindern ein sicheres **ästhetisches Empfinden.** Zusätzlich festigt sich das Selbstwertgefühl durch die Wertschätzung des eigenen Tuns. Indem sich Kinder mit allen Sinnen auf das kreative Gestalten konzentrieren und ihren Empfindungen künstlerischen Ausdruck verleihen, lernen sie, sich in der Welt der Farben und Formen zurechtzufinden. Vor einem Kunst-Fest steht daher ein **Kunst-Projekt über einen längeren Zeitraum** (mehrere Wochen bis zu einem ganzen Kita-Jahr).

Die Auseinandersetzung mit **Künstlern** von früher und von heute gehört nicht nur zur Allgemeinbildung. Die Kinder erfahren dabei, dass jeder Künstler seine eigene, individuelle **Ausdrucksform** und **Technik** hat und diese bei jedem Menschen eine bestimmte, individuell unterschiedliche Wirkung entfacht. So lernen sie, dass sie mit Kunst die Möglichkeit haben, sich ganz **persönlich auszudrücken.** Sie erleben die Kunst somit als eine zusätzliche Kommunikationsform.

Beim Kunst-Fest können die Kinder schließlich ihre **Werke präsentieren** und so den Eltern und anderen Gästen vermitteln, wie sie sich mit großen Künstlern und deren künstlerischem Ausdruck auseinandergesetzt haben. Zusätzlich soll das Kunst-Fest den Gästen die Möglichkeit bieten, **sich selbst künstlerisch zu betätigen.**

Zu einem Kunst-Fest zählen daher **verschiedene pädagogische Bereiche:**

- Kennenlernen verschiedener Künstler und künstlerischer Ausdrucksformen,
- Kreativität und ästhetische Erziehung,
- fantasievolles Miteinander,
- schöpferischer Ausdruck,
- Sinneserlebnisse,
- feinmotorische und koordinative Fähigkeiten.

Das Kunst-Projekt mündet schlussendlich in das Kunst-Fest, und so können Sie hier als Höhepunkt und zugleich Abschluss der Projektphase eine **Kunstausstellung** stattfinden lassen, die auf besondere Art und Weise zeigt, wie sich die Kinder mit Kunst und Künstlern auseinandergesetzt haben.

Damit aber auch die Gäste mit viel Freude aktiv werden können, sollten verschiedene **künstlerische Aktivitäten** eingeplant werden. Diese wählen Sie so aus, dass sowohl ungeübte Besucher als auch erfahrene Künstler ihre Freude daran haben. Am besten gibt es verschiedene Stände, die von Erwachsenen (Eltern oder Teammitgliedern) betreut werden. So kann jeder etwas ausprobieren und weiterziehen, wenn er noch etwas anderes kennenlernen möchte.

Um dem Fest noch etwas Gemeinsames mitzugeben, ist es sinnvoll, **eine Aktion für alle** einzuplanen. Dafür suchen Sie sich eine kreative Technik heraus, die für jedermann geeignet ist (siehe Aktionen ab Seite 26). Sie können bereits bei der Einladung darauf hinweisen oder um bestimmte Dinge bitten, die mitgebracht werden sollen. Das gemeinsame Kunstwerk kann eine große Bereicherung für die Kita sein.

Zur Planung und Vorbereitung

Räumlichkeiten und Material

Ein Kunst-Fest kann praktisch überall stattfinden. Sie müssen nur die **Räumlichkeiten,** die Sie zur Verfügung haben, entsprechend **leer räumen** und nutzen. Ideal ist es, wenn Sie eine Freifläche, einen Garten oder Hof nutzen können, damit sich nicht zu viele Menschen auf engem Raum drängen.

Für die **Ausstellung** sollte möglichst ein **separater Raum** zur Verfügung stehen. Ideal ist der **Eingangsbereich, Flur** oder **die Aula der Kita.** Die Kunstwerke sollten hier auch längere Zeit stehen bleiben können, ohne dabei zu großen Schaden zu nehmen (ein Bewegungsraum ist daher nicht so gut geeignet). Für eine multimediale Ausstellung ist es sinnvoll, wenn der Raum geschlossen werden kann, sodass Geräusche von außen ausgesperrt werden.

Musik

Wenn Sie für das gemütliche Beisammensein während des Festes Musik spielen lassen wollen, sollten Sie möglichst nur **instrumentale Musik** wählen, damit durch Text und Gesang nicht zu sehr von Gesprächen der Gäste abgelenkt wird. Ideal sind **klassische Musikstücke,** die auf die **Künstler** und ihre **Schaffensepochen** abgestimmt sind, die während der Projektzeit behandelt wurden. Vielleicht können Sie ein Potpourri aus Musikstücken zusammenstellen und digital aufnehmen, sodass die Musik automatisch im Hintergrund ablaufen kann. Eine große Bereicherung ist **Live-Musik.** Vielleicht gibt es Eltern, die selbst Musiker sind, oder Sie finden im Ort Musiker, die zu günstigen Konditionen beim Kunst-Fest musizieren. Fragen Sie auch in der örtlichen Musikschule nach, ob Jugendliche einen Auftritt organisieren möchten.

Speisen und Getränke

Auch die Speisen und Getränke nehmen, soweit dies möglich ist, Bezug auf die vergangenen Projekttage und werden so in das Motto des Festes einbezogen. Aus praktischen Gründen bitten Sie die Eltern, sich um das Buffet zu kümmern. Allerdings wäre es möglich, dass einige Kinder sich im Vorfeld damit auseinandersetzen, wie man **Essen für ein Fest besonders kreativ** und ästhetisch zubereiten kann. Je nachdem, welche Künstler die Kinder kennenlernen durften, kann hier fantasievoll kreiert werden. **Formen** und vor allem **Farben** drücken aus, was die Kinder mit Kunst und bestimmten Künstlern verbinden. Natürlich soll es auch schmecken und zugleich praktisch zu essen sein. Sie können eine AG ins Leben rufen, die sowohl Kinder als auch Eltern einbezieht, um Speisen und Getränke zuzubereiten und ansprechend zu gestalten.

Hier gebe ich Ihnen ein paar **Vorschläge,** wie Sie die Speisen auf Ihrem Kunstfest darbieten könnten.

Bieten Sie **farbenfrohes Essen** an, zum Beispiel:

- Salat aus grünen Nudeln mit Mais und roten Paprikastücken (in Anlehnung an die Farbkompositionen von E. W. Nay),
- Fleischbällchen (oder vegetarische Bällchen), die mit Rote Beete gefärbt sind,
- Kuchen und Kekse in besonders fantasievollen Formen und Farben mit künstlerischen Verzierungen (etwa märchenhafte Variationen wie von Marc Chagall oder geometrische Formen wie bei Kandinsky, Marc oder Picasso).

Bauen Sie ein **Buffet** auf, das **streng nach Farben** sortiert ist. Vorausgesetzt ist hierbei, dass alle Speisen auch „einfarbig" zubereitet wurden. Also gibt es auf der einen Seite den grünen Salat, die Gurken, die weißen Trauben, auf einer anderen Seite stehen Wassermelonen (ohne Schale), Tomaten und Pizzastücke mit Tomaten-Paprika-Soße usw.

Statt der üblichen **Teller** essen die Künstler beim Fest von **Paletten.** Entweder stellen die Kinder hierfür im Werkraum als **Laubsägearbeit** tatsächlich einfache Holzpaletten her (fein schleifen und ölen, damit sie haltbar und appetitlich sind), oder aber Sie kaufen **Kunststoffteller mit Einteilungsfächern,** auf denen die Speisen wie auf einer Farbpalette angerichtet werden können. Solche Teller können Sie evtl. auch von einem **Geschirrverleih** aus Porzellan mieten.

Natürlich müssen auch die **Getränke** ein bisschen künstlerisch aussehen. Je nachdem, wie viele Gäste erwartet werden und wie viel Arbeit in das Zubereiten der Getränke investiert werden kann, variieren hier die Angebote, zum Beispiel:

- ein Saft, in den vor dem Trinken noch ein Spritzer eines Sirups gegossen wird,
- einfache Fruchtsaftschorlen, zu denen Sie mit Sirup gefärbte Eiswürfel anbieten,
- eingefrorene Früchte, in Saft eingeschlossen und im Eiswürfelbehälter gekühlt; diese haben eine wunderbare Wirkung, wenn sie langsam im Glas schmelzen,
- eine Bowle; nutzen Sie dafür die bunte Farbpalette der Getränke, und stellen Sie eine rote, gelbe oder grüne Bowle her, in der möglichst noch frische Kräuter oder auch Blüten schwimmen.

Wenn die Kinder **im Vorfeld Tassen töpfern** oder einfache Porzellantassen oder Gläser mit Motiven aus ihren Projekttagen bemalen, können die Getränke auch noch passend zum Motto ausgeschenkt werden. Auch könnten Sie Fotos der Kinder aus der Projektzeit bzw. ihre Kunstwerke fotografieren und auf die Tassen drucken lassen.

Dekoration und Atmosphäre

Zusätzlich können die Kinder Dekorationen für die Gläser, Teller und das gesamte Buffet fertigen. Das können lustige **Strohhalm-Anstecker** sein, aber auch vollkommen fantasievolle Gebilde aus **unterschiedlichsten Materialien.** Vielleicht kann den Kindern jemand zeigen, wie man **Obst und Gemüse dekorativ zurechtschnitzt.** Die Kinder können auch Blüten sammeln und als Kränze und Ranken auf das Buffet legen. Viele **Blüten** sind essbar und lassen sich so auch als Garnitur für Salate verwenden. So gibt es den „Van Gogh"-Cocktail mit einer Margerite am Strohhalm oder den Miró-Shake mit dreifarbigen Früchten auf einem Spieß.

Die Dekoration für das Fest ergibt sich schon aus dem Namen: Kunst! Die Ausstellung der Kinder-Kunstwerke füllt bereits einen Raum komplett aus. Vielleicht können die Kinder auch **typische Dekorationsobjekte der jeweiligen Künstler** herstellen, wie kleine Nanas, Girlanden mit typischen Farben und Formen usw.

Und natürlich brauchen Sie bei der Beschäftigung mit dem Thema Kunst immer auch **praktisches Material** und **Werkzeug,** welches Sie für die Kunst-Aktivitäten einsetzen werden (siehe Spiele und Aktionen ab Seite 26). Dieses Material eignet sich aber in diesem Fall nicht nur als bloßes Arbeitsmittel, sondern kann sehr gut in die Dekoration Ihres Kunst-Festes miteinbezogen werden. Wenn überall **Pinsel, Papier** und **Farben** an den jeweiligen Ständen zu sehen sind, verleiht das Ihren Festräumlichkeiten auch die gewisse **Künstler-Atmosphäre.** Um die Stände für die Aktivitäten zu gestalten, sollten ausreichend Papiertischdecken oder unbedrucktes Zeitungspapier (Makulatur oder Rollenpapier aus der Papierfabrik) vorhanden sein. Klebeband, am besten Malerkrepp, und Scheren müssen jederzeit greifbar sein, um die Stände einsatzbereit zu gestalten. Finden die Aktivitäten im Freien statt, sollten Sie Sonnenschirme aufstellen. Für mögliche Kleckereien müssen Wasser und Tücher bereitstehen, um Kleider oder Finger zu reinigen.

Personal und Zuständigkeiten

Für die **Kunstausstellung** sollte immer eine erwachsene **Betreuungsperson** zur Verfügung stehen, die technisch versiert ist und den Kindern bei den Kunst-Führungen helfend zur Seite stehen kann.
Die **Aktiv-Stände** benötigen jeweils mindestens eine erwachsene Person als Betreuung und Anleitung. Ideal ist es, wenn hier Eltern mithelfen, sodass sich die Personen abwechseln können.
Für **Buffet, Küche** und **sanitäre Anlagen** können ebenfalls Eltern gewonnen werden. Ideal ist es, wenn hier eine Kita-Mitarbeiterin als Ansprechpartner zur Verfügung steht. Mindestens **zwei Kita-Mitarbeiter** sollten für den **allgemeinen Ablauf** zuständig sein und hier und da ein Auge auf die Gäste werfen, damit alles gut funktioniert.

Öffentlichkeitsarbeit

Laden Sie Persönlichkeiten aus der **Gemeinde** oder der Stadt ein, um über das Fest einen Austausch zu ermöglichen. Versuchen Sie, die **örtliche Presse** zu ermutigen, einen Bericht über das Fest und das vorangegangene Projekt zu veröffentlichen. Gerade die multimediale Kunstausstellung bietet sich hier als Aufhänger an.

Finanzierung

Ein Kunst-Fest lebt vom gemeinsamen künstlerischen Gestalten. Dafür wird allerhand Material benötigt. Vielleicht können Sie einen **Künstlerbedarf-Fachhandel** dazu bewegen, etwas zu spendieren, und im Gegenzug anbieten, das Werbematerial auf die Einladung zu setzen. Erwähnen Sie die Sponsoren auf der Einladung mit einem Dank, und setzen Sie das Logo der Firmen daneben.
Bitten Sie im Vorfeld um **Sachspenden von Eltern, Gemeinde, Einzelhandel** und **Vereinen.** Das können Pinsel, Farben, aber auch Papiertischdecken oder auch Gebäck der örtlichen Konditorei sein.
Wenn Sie nicht genug finanzielle Mittel zur Verfügung haben, um die Verpflegung damit zu bestreiten, können Sie die **Getränke** während des Festes **verkaufen.** Über den etwas aufgerundeten Einkaufspreis nehmen Sie genug ein, um zum Beispiel den Geschirrverleih zu bezahlen.

Ablauforganisation im Team

Während der Projektzeit können Sie bereits innerhalb der Kita **Schwerpunkte** setzen. Jede **Gruppe** konzentriert sich auf **bestimmte Künstler,** sodass später, bei der Ausstellung und beim Fest, auf die Mitstreiter der anderen Gruppen neue Erfahrungen warten. Denn an den Ständen kann jeder verschiedene Kunst-Techniken kennenlernen, die auf den Erfahrungen von Künstlern beruhen.

Versuchen Sie, in Erfahrung zu bringen, ob es im Ort oder unter den Eltern **Künstler** gibt, die bereit sind, den Kindern während des Festes oder/und vorher **künstlerische Techniken nahezubringen.** Fragen Sie nach, welche **Konditionen** hier gestellt werden (Stundenhonorare, Spendenquittung, Werbung). Das persönliche Kennenlernen eines Künstlers, vielleicht das **Besichtigen eines echten Ateliers,** unterstützt die Lernphase und motiviert die Kinder zum Ausprobieren. Gemeinsam können Sie mit den Künstlern erarbeiten, welche bleibenden Kunstobjekte geschaffen werden (zum Beispiel die Bemalung einer Wand oder eines Innenhofes) und wie sich die Kinder künstlerisch betätigen können.

Sicher haben Sie während der Projektzeit bereits Kunstausstellungen besucht, waren mit den Kindern in einer Galerie und haben sich diverse Kunstbücher angesehen. Für die Kunstausstellung sollten Sie daher bereits eine etwaige Vorstellung haben, wie man **Bilder gut aufhängen** kann. Wichtig ist, dass die Bilder möglichst **geordnet** aufgehängt werden, damit der Besucher nicht zu sehr verwirrt wird. Achten Sie darauf, dass der **Hintergrund neutral** ist (weiß oder in einer anderen Farbe streichen, keine anderen ablenkenden Muster oder Farben). Besorgen Sie **einfache Rahmen,** gestalten Sie einfache **Passepartouts,** oder kleben Sie Papierbilder auf Fotokarton auf. Schreiben Sie zu jedem Bild ein **Kärtchen mit dem Namen** des Kindes und des Bildes. Die **Technik** und **die Anlehnung an den Künstler** schreiben Sie zu dem jeweiligen **Bildbereich** auf ein **Plakat.**

Einladungen

Ein Kunst-Fest benötigt eine besondere Einladung, die einen künstlerischen Anspruch erfüllt. Sie haben sehr viele Möglichkeiten, diese zu gestalten. Am besten suchen Sie mit den Kindern gemeinsam eine **Technik** heraus, die sie während der Projektzeit kennengelernt haben. Ideal ist zum Beispiel eine **Drucktechnik** (Kartoffeldruck, Linoldruck), wie sie die Künstler des *Blauen Reiters* gerne verwendet haben, um Einladungen, Postkarten und Bilder zu gestalten. Vielleicht stellt jede Gruppe eigene Einladungen her, nur der Text ist der gleiche.

Schreiben Sie in die Einladung hinein, **was die Eltern mitbringen sollen.** Das kann ein Teil für das gemeinsame Kunstwerk sein, zum Beispiel ein Foto oder ein bemalter Stein. Vergessen Sie nicht den **Hinweis auf Kleidung,** die auch schmutzig werden darf, oder die Bitte, Malerkittel mitzubringen.

Auftakt und Höhepunkt des Festes: eine Multimedia-Ausstellung

Die Kinder haben im Rahmen eines Kunstprojektes bereits Kunstwerke gestaltet, zum Beispiel **Bilder** oder **Skulpturen.** Diese hängen und stehen nun in den Gängen und Räumen der Kita. Achten Sie beim Aufhängen darauf, dass sie entsprechend der **Projekteinheiten** aufgehängt werden. So können alle Bilder, die während der Auseinandersetzung mit Picasso entstanden sind, zusammen in einem **Bereich** hängen, alle Skulpturen, die die Auseinandersetzung mit Niki de Saint-Phalle widerspiegeln, stehen daneben usw.

Das Besondere an dieser Ausstellung: Zusätzlich zum **visuellen Erlebnis** können die Ausstellungsbesucher **etwas hören!** Die Kinder haben dafür passend zu ihren Kunstwerken **Geräusche, Töne** oder **Gespräche, Gesänge, Musik** aufgenommen. Dazu sind sie mit dem Diktiergerät oder Kassettenrekorder in der Umgebung unterwegs gewesen und haben Umweltgeräusche aufgenommen. Sie haben sich gegenseitig während der Gestaltungsphasen aufgenommen und auch Musikstücke herausgesucht, die zu den Künstlern passen. Aus den **„O-Tönen"** haben sie mit Hilfe eines Erziehers eine **Tonschleife zusammengeschnitten,** die nun abläuft, während die Besucher die Bilder betrachten. So können sie gleich mit zwei Sinnen die Kunstwerke erfassen – sie sehen und hören.
Für die Kinder ist schon das Erarbeiten und Vorbereiten solch einer Ausstellung eine interessante Erfahrung. Sie werden aber auch selbst immer wieder gerne zu Besuchern und genießen das Kunsterlebnis mit allen Sinnen.

Tipp

Lassen Sie die Kinder ihre Familien selbst herumführen!

Spiele und Aktionen

Bei einem Kunst-Fest bietet es sich an, neben der Ausstellung, in der die Gäste ja „nur" aufnehmen, auch verschiedene Stationen einzurichten, an denen die Gäste und die Kita-Kinder selbst aktiv werden können und Kunst gestalten und erleben. Bezugnehmend auf die Projektzeit der Kinder, sollten auch hier die Aktivitäten auf verschiedene Künstler abgestimmt sein. Dazu habe ich Ihnen eine Aktivitätsauswahl zusammengestellt.

Plastisches Gestalten

Gut zu wissen:
Beim plastischen Gestalten haben die Gäste die Möglichkeit, Kunstwerke mit verschiedenen Modelliermassen zu kreieren. Es geht darum, nach Herzenslust zu formen und das dreidimensionale Objekt zu fühlen. Ein sehr sinnliches Kunsterlebnis, denn hier gestaltet man direkt mit den Händen.
Bedeutende **Künstler** der plastischen Gestaltung sind: **Henry Moore** (1898–1986), **Alberto Giacometti** (1901–1966), **Niki de Saint-Phalle** (1930–2002), **Auguste Rodin** (1840–1917).

Das brauchen Sie:
- verschiedene Modelliermassen (Lehm, Knete, Salzteig oder selbsthärtende Formmasse)
- Papier, Kleister und Luftballons für Pappmaschee
- Gipsbinden und Hasendraht oder Styroporstücke

So geht es:
Beim Modellieren sind den Künstlern keine Grenzen in der Gestaltung gesetzt; jeder formt, was er möchte. In Anlehnung an die großen Vorbilder können dabei Figuren mit langen dünnen Gliedmaßen entstehen (Giacometti) oder auch wuchtige abstrakte Formen (Moore). Niki de Saint-Phalles typische „Nanas" mit ihren ausladenden weichen Formen und farbenfrohen Verzierungen regen dazu an, Ähnliches selbst zu gestalten. Das funktioniert besonders gut mit Pappmaschee oder mit Hilfe von Gipsbinden, die man über ein Hasendrahtgerüst bzw. Styropor legt.

Kinetische Kunst: Mobiles gestalten

Gut zu wissen:
Bei der kinetischen Kunst geht es darum, Kunstobjekte in Bewegung zu versetzen. So entsteht stets eine neue Perspektive auf das Objekt, die Dimensionen des Objekts verändern sich und verändern so auch den Raum, in dem Sie stehen. Solche bewegten Kunstwerke hat der Künstler **Alexander Calder** (1898–1976) erfunden und erstmals als Mobiles bezeichnet. Die Besucher können einfache Mobiles herstellen.

Das brauchen Sie:
- verschiedene Materialien, wie Papier, Blech, Holz, Knete, Salzteig
- Zwirn
- dünne Äste oder Mobilestangen

So geht es:
Die Gäste basteln aus Papier kleine Quader, Würfel oder Ähnliches, oder sie stellen Formen aus Blech, Holz, Knete oder Salzteig her und hängen sie mit dünnen Zwirnfäden an Äste oder Mobilestangen. Wichtig dabei ist, dass die gestalteten Formen möglichst abstrakt sind, d.h. man sollte keine Figuren, wie Menschen, Tiere oder Pflanzen, gestalten. Die Idee des Mobiles ist nämlich die: Die Fantasie des Betrachters formt später aus dem gesamten Mobile mit seinen einzelnen abstrakten Formen ein ganz neues Bild.

Landart

Gut zu wissen:
Ein bedeutender Landart-Künstler war **Robert Smithson** (1938–1973), dessen Werke sich durch ein besonderes Formenspiel auszeichnen.

Baumbilder

Wenn Sie in der Nähe der Kita oder direkt im Garten viele Bäume haben, beziehen Sie sie mit in das Kunst-Fest ein. Fragen Sie aber unbedingt den Eigentümer der Bäume bzw. den zuständigen Förster vorher um Erlaubnis, damit es zu keinen Unstimmigkeiten kommt.

Das brauchen Sie:
- möglichst umweltneutrale Farben (zum Beispiel ein Kreide-Kleister-Quark-Gemisch)

So geht es:
Mit den umweltneutralen Farben malen die Künstler direkt auf die Baumrinde. Dabei können Einzelwerke entstehen oder aber zusammenhängende Bilder, die sich über mehrere Bäume erstrecken. Das geschieht, indem der „erste" Baum, also ein Baum ganz vorne, zum Beispiel eine Hand aufgemalt bekommt. Der nächste Baum direkt dahinter und schräg daneben bekommt den Arm aufgemalt oder schon einen Teil des Körpers usw. Sieht man nun von vorne auf die Baumgruppe, entsteht das Gesamtbild, in diesem Beispiel eine Figur.

Kunstwerke aus Naturmaterialien legen

Das brauchen Sie:
- verschiedene Naturmaterialien
- Stöcke zum Zeichnen

Tipp

Am besten ist es, wenn die Kinder bereits vor dem Fest verschiedene Naturmaterialien gesammelt haben. Natürlich darf auch während des Festes weiteres Material ergänzt werden.

So geht es:
Die Künstler legen Formen, wie Kreise und Schnecken, auf die Wiese oder Erde. Sie „zeichnen" mit einem Stock Muster in den glatt gestrichenen Sand oder stellen Windspiele aus Blättern und Blüten her, die an Gräsern von Ästen hängen. Wer lieber Figürliches arbeitet, kann einen Menschen legen, der von weiter weg, besonders von oben (zum Beispiel von einem Balkon aus), erst richtig zu erkennen ist. Blätter, auf dünne Äste gespießt und zwischen Astgabeln gesteckt, ergeben einen filigranen Vorhang, der besonders im schimmernden Sonnenlicht interessante Effekte hervorruft.

Holzskulpturen

Das brauchen Sie:
- Äste, Treibholz, Zapfen, Wurzeln
- Bindfaden
- Nägel und Hammer
- Kleber
- Naturfarbe oder Farbe aus Naturstoffen/-säften

So geht es:
Aus gesammelten Ästen, Treibholz, Zapfen und Wurzeln entstehen kunstvolle Dekorationsstücke für den Garten und die Fensterbank. Die Materialien können aneinandergebunden, -geklebt, -genagelt und -gesteckt werden. Wer mag, kann auch noch Farbe verwenden, um das Kunstwerk zu vollenden. Ideal ist es hierbei, natürliche Farbstoffe zu verwenden, wie den Saft von Rote Beete, Karotten, Orangen, Zwiebelsud und Sud von Grünpflanzen.

Action Painting

Gut zu wissen:
Beim Action Painting geht es darum, impulsiv, intuitiv und spontan etwas zu kreieren. Hier wird gespritzt, gekleckst, geschüttet und bewegt. Das kann mit Pinsel und Farbe auf Leinwand geschehen, aber auch auf verschiedene andere Weisen, die eine Aktion vom Künstler erfordern. **Jackson Pollock** (1912–1956) heißt der Künstler, der diese Technik geprägt hat.

Farbe gießen

Das brauchen Sie:
- große Leinwand, Pappe oder Ähnliches als Malgrund
- Farbe (Acryl- oder Temperafarbe), evtl. mit Wasser verdünnt

So geht es:
Auf dem großformatigen Malgrund, der flach auf dem Boden liegt, gießen die Künstler die Farbe direkt aus. Sie lassen sie laufen und fließen. Ist der Malgrund vorher mit Wasser oder einer dünnen Farbe getränkt worden, ergeben sich neue Fließeigenschaften, die interessante Effekte erzielen.

Kugelbilder

Besonders die jüngeren Gäste freuen sich über Kugelbilder.

Das brauchen Sie:
- Schublade, Holzkiste oder Schuhkarton
- Papierblätter, die in die Schublade passen
- Murmeln
- Farbe (Acryl- oder Temperafarbe)
- Eimer Wasser zum Reinigen der Murmeln
- Handtuch

So geht es:
Ein großes Blatt wird in die Schublade hineingelegt. Dann legt man ein paar Murmeln darauf und tropft etwas Farbe aufs Papier. Nun muss die Kiste bewegt werden. Das machen alle Umstehenden gemeinsam. Je nach dem, wie die Kugeln rollen, entsteht ein interessantes Bild.
Den jüngeren Kindern stellen Sie statt der schweren Schublade lieber Schuhkartons und Schuhkarton-Deckel als Rahmen zur Verfügung.

Tipp
Die Kugelbilder eignen sich übrigens prima dazu, sie als Geschenkpapier zu verwenden.

Wasserbilder

Dies ist ein Angebot für warme Tage im Freien. Sie benötigen eine größere freie Fläche auf dem Außengelände, damit sich die Künstler richtig austoben können. Auf einem betonierten Untergrund funktionieren die Bilder am besten, aber auch ein sandiger Untergrund ist möglich. Das spontane Kreieren von Formen regt die Fantasie an und beflügelt die ungelenkte Kreativität. Es ist daher auch eine sehr interessante Erfahrung für Erwachsene, sich auf dieses Kunst-Spiel einzulassen.

Tipp

Pieksen Sie ein Loch in die Deckel von Kunststoff-Flaschen, und bieten Sie die Flaschen als Wasserspritzen an.

Das brauchen Sie:

- Wasserflaschen mit Spritzverschluss oder Wasserpistolen
- Wassereimer oder Regentonne zum Wassernachfüllen

So geht es:

Die Kinder bekommen Wasserflaschen mit Spritzverschluss oder Wasserpistolen. Nun dürfen sie nach Herzenslust auf dem Boden „malen". Die Bilder bleiben nur kurz erhalten, sodass ständig neue Bilder entstehen können. Regen Sie die Kinder zu verschiedenen Bildideen an, die immer mehr erweitert werden können. Versuchen Sie, mit den Kindern einen großen Drachen zu malen, dem Flügel wachsen.

Karikaturen zeichnen

Der Künstler **Paul Flora** (1922–2009) konnte mit wenigen gezielten Strichen Tiere und Menschen, Pflanzen und Gebäude darstellen. Die Besucher des „Flora-Standes" versuchen nun auch, mit einem Strich den Umriss eines Tieres, einer Pflanze oder eines Gegenstandes zu zeichnen.

Das brauchen Sie:

- Bleistifte in verschiedenen Härtegraden
- Kohlestifte
- Grafit
- Tusche und Federn
- festes Zeichenpapier

So geht es:

Beim Karikaturenzeichnen ist es wichtig, sich auf die wesentlichen Merkmale eines Objekts zu konzentrieren und diese charakteristisch hervorzuheben. So bekommt ein stolzer Kater besonders lange Beine und einen hochgereckten Schwanz, der Kopf aber ist eher klein. Eine singende Amsel reißt ihren Schnabel weit auf und hat einen dicken Hals.

Tipp

Wenn die Zeichner den zu zeichnenden Gegenstand zunächst mit den Fingern ertasten, fällt ihnen das Zeichnen leichter. Denn die wesentlichen Merkmale haben sie nicht nur gesehen, sondern auch erfühlt.

Drucktechnik

Die Drucktechnik ist eine Gestaltungstechnik, der sich auch die Künstler des *Blauen Reiters* häufig bedient haben. Der *Blaue Reiter* bezeichnet eine Künstlergemeinschaft, zu der zum Beispiel die berühmten Expressionisten Franz Marc und Wassiliy Kandinsky gehörten.

Das brauchen Sie:

- Holzbauklötze, Korken, Steine, Filmdosen, kleine Kunststoff-Flaschen
- Naturmaterialien, Fäden, Radiergummi-/Moosgummistücke
- Schnitzmesser
- Heißkleber oder Superkleber
- Schwammtücher
- Schalen oder Teller
- Wasser
- Acryl- oder Temperafarbe
- Papierbögen

So geht es:

Stellen Sie mit den Kindern Stempel aus verschiedenen Materialien her. Als Stempelblöcke eignen sich Holzbauklötze, Korken, Steine, Filmdosen, kleine Kunststoff-Flaschen usw. Die Stempel können aus Naturmaterialien, Fäden, geschnitzten oder geschnittenen Radiergummi- und Moosgummistücken und vielem mehr hergestellt werden. Kleben Sie die Stempel mit Superkleber oder Heißkleber an die Stempelblöcke, damit sie schnell und fest halten. Als Stempelkissen eignen sich einfache Schwammtücher, die in Schalen oder auf Tellern liegen. Feuchten Sie sie an, und streichen Sie etwas verdünnte Acryl- oder Temperafarbe auf. Die Tücher sollten nicht zu nass sein, damit die Konturen beim Stempeln schön klar erscheinen.

Tipp

Vielleicht möchten sich einzelne Kinder einen ganz persönlichen Signaturstempel herstellen. Die Signatur im Stempel oder ein selbstentworfenes Symbol dienen dann als Eigentumsnachweis, zum Beispiel in einem Buch oder um einen Brief zu unterschreiben.

Malen mit Mund und Fuß

Nicht jeder Mensch hat das Glück, gesunde Hände zu besitzen. Trotzdem wollen diese Menschen ihre Kreativität ausleben. Das tun manche von ihnen dann mit dem Mund oder den Füßen. Die Besucher des Kunst-Festes dürfen das in diesem Angebot auch versuchen.

Das brauchen Sie:

- für jeden Künstler einen eigenen Pinsel (aus hygienischen Gründen)
- Stifte zum Pinselbeschriften
- große Papierbögen
- Staffeleien (alternativ: Bretter oder eine größere Wandfläche oder Ähnliches, um die Malblätter daran zu befestigen)
- Farben (Acryl-/Temperafarbe)
- Farbbehälter
- Malkittel
- Stühle

So geht es:
Für das Malen mit dem Mund benötigen die Künstler eine Staffelei, oder sie heften ihr Malpapier an ein Brett oder eine Wand bzw. einen Baum. Sie nehmen den Pinsel zwischen die Lippen und Zähne, tunken ihn in Farbe und legen los. Die Fußmaler setzen sich auf einen Stuhl oder auf den Boden und stecken den Pinsel zwischen die Zehen und malen auf einen Papierbogen, der vor ihnen auf dem Boden liegt.

Gut zu wissen:
Gerade weil man als Mensch, der normalerweise seine Hände zum Malen benutzt, so ungeübt mit Mund und Füßen ist, kommen bei den Versuchen oft sehr freie und interessante Kunstwerke heraus.

Variation:
Übrigens können die Künstler auch gerne Versuche mit ihrer „ungeübten" Hand machen – meist sind wir unsere eine Schreibhand so gewöhnt, dass die andere gar keine Chance bekommt, zu zeigen, was sie kann.

Vorschläge für Gemeinschaftsaktionen

Ein Hinweis vorab:
Die Kunstformen können Sie hier wieder auf die Projektthemen abstimmen oder aber nach Belieben auswählen und kombinieren, wie es sich gerade anbietet.

Bunte Wandcollage

Jeder Festbesucher gestaltet eine kleine Kachel, Postkarte oder Mini-Leinwand, so wie er möchte. Die kleinen Kunstwerke werden alle an einer Wand zusammen aufgehängt. Je nachdem, welche Arbeitsmaterialien und Farbtöne zur Verfügung stehen, ergibt dies ein mehr oder weniger buntes und vielfältiges Gesamtbild, das der Öffentlichkeit das Gemeinschaftsgefüge von Kita, Eltern und Kindern zeigt.

Flüchtiges Bodenbild

Steht ein betonierter, geteerter oder mit Platten ausgestatteter Platz zur Verfügung, können alle Besucher oder jeweils eine Familie zusammen eine kleine Fläche gestalten. Je nachdem, welche Möglichkeiten die Kita hat, geschieht dies mit Kreide (verschwindet beim nächsten Regenschauer) oder aber mit einfachen Dispersionsfarben oder Leimfarben (hält länger und nutzt sich mit der Zeit ab).

Decken-Kunstwerke

Jeder gestaltet zum Beispiel eine Watte- oder Glaskugel oder erhält ein Stück Biegedraht, das er formt. So entstehen lauter kleine, durch das Material auch in gewisser Weise homogene Kunstwerke. Diese hängen Sie im Gang oder Gruppenraum an die Decke. Je nachdem, wie viele Kunstwerke es sind, können sie an einem großen Ast, an einem Netz oder direkt an der Decke (zum Beispiel wenn diese mit Hartschaum bestückt ist) befestigt werden.

Gemeinschaftsskulpturen

Eine Skulptur gemeinsam zu gestalten, bietet sich an, wenn viel Platz im Garten oder der Kita vorhanden ist. So können zum Beispiel alle Gäste jeweils einen Stein mitbringen (in der Einladung vermerken) und ihn mit etwas Zement auf eine Säule oder Ähnliches aufkleben. Statt Steinen können Sie auch Holzstücke, Äste, altes Spielzeug oder Abfallprodukte, wie Plastikflaschen, verwenden.
Oder jeder sucht im Wald etwas, das ihm als schön erscheint (einen Zweig, ein Blatt, etwas Erde, ...), und klebt es auf eine Säule. Sie kann auch vorher mit Makulaturpapier umklebt worden sein, damit das Werk später wieder abgeht.

Ein Blick zurück: erlebt, gelernt, dokumentiert

Jedes Kind hat während der Projektphase an einer **Kunst-Mappe** gearbeitet. Hier sammelt es seine Kunstwerke bzw. Fotos davon, **Kommentare zur Entstehung** und **Interpretationen der Bilder,** Infos über **Künstler** und **Techniken,** aber auch kurze Statements zu **Entwicklungsschritten** und **Lernerfolgen.** Die Kunstmappe kommt also einem spezifischen **Portfolio** gleich. Nach dem Kunst-Fest können Sie sich mit den Kindern zusammensetzen und **über das Fest sprechen:**

- Wie fühlte es sich an, die eigenen Kunstwerke auszustellen?
- Welche Techniken haben den Kindern besonders gut gefallen und welche gar nicht – warum?
- Welche Künstler haben die Kinder beeindruckt?
- Wie war es für die Kinder, den Eltern die Ausstellung zu zeigen und die Kunstwerke zu beschreiben bzw. zu erklären, wie sie entstanden sind?
- Was möchten die Kinder noch über Kunst und Künstler lernen?
- Welche Technik, welche Ausdrucksform wollen sie noch einmal machen?
- Welche Aktionen des Festes fanden sie besonders lustig/aufregend/interessant?

Schreiben Sie **in jede Kunst-Mappe ein Fazit** hinein, das Ihnen das Kind diktiert: „Was habe ich bei diesem Projekt und Fest gelernt, und was werde ich mir für später merken?"

Für Portfolioeinträge empfiehlt es sich, bereits im Vorfeld zu beobachten, wie sich das einzelne Kind mit dem Thema Kunst auseinandersetzt. So könnte zum Beispiel das **Entstehen eines Bildes mit Fotos** und **Kommentaren** dokumentiert werden.

Zusätzlich gibt es einen **Bericht über die Ausstellung und das Fest.** Dabei ist zu beachten, dass die Dokumentation auf die Erfahrung des Kindes abgestimmt ist bzw. aus Sicht des Kindes erstellt wird. Gerade die Reflexion und Auswertung des Festes gibt noch einmal gute Stichpunkte für diesen Portfolioeintrag. Denn besonders das Fazit sollten Sie im Portfolio festhalten. Überlegen Sie in Bezug auf das Portfolio auch: Was könnten Sie ästhetischer gestalten? Wo könnten Sie den Kindern mehr Raum zur künstlerischen Entfaltung lassen?

Nutzen Sie die Chance des Kunst-Festes auch für eine ausführliche **Reflexion im Team,** um einen anderen Blickwinkel auf Ihre Arbeit und Ihre Kita zu bekommen. Werten Sie Ihre Erfahrungen, Beobachtungen und Eindrücke aus der Projektphase und auf dem Fest gemeinsam im Team aus, und halten Sie Ihre **Ergebnisse, Kommentare** und **Anregungen schriftlich** fest. Haben Sie zuvor bereits einen Projektordner oder **Fest-Ordner** angelegt, können Sie dieses **„Protokoll"** dort dazuheften und bei einer nächsten Fest(an)gelegeheit darauf zurückgreifen.

Folgender **Fragenkatalog** hilft Ihnen, die Projektphase und das Fest im Team zu reflektieren:

- Wie empfanden wir die Projektzeit? War der Zeitraum ausreichend? Waren die Ideen für alle umsetzbar? Hat der Raum ausgereicht?
- Wie kamen die Aktionen an?
- Was würden wir ändern/anders machen?
- Was wollen wir uns für die Zukunft merken? (Was möchten wir wiederholen, und welche Aktionen können wir evtl. in den Kita-Alltag übertragen?)

Spaß, Spiel, Olympia – ein Sport-Fest

Warum ein Sport-Fest

Das vorangegangene Sport-Projekt hat den Kindern ermöglicht, verschiedene Sportarten und Sportgeräte kennenzulernen: Sie haben unterschiedliche **Bewegungsmöglichkeiten erprobt,** und im besten Falle hat jeder seine persönlichen Lieblingssportarten für sich entdeckt. Die Kinder konnten dabei ihre **motorischen Fähigkeiten verbessern:** Balancieren, Klettern, Hüpfen, Körpergefühl und Raumwahrnehmung, Muskelkraft und vieles mehr – all diese Dinge haben die Kinder in verschiedenen sportlichen Disziplinen **spielerisch erprobt** oder erfahren. Auch die Erzieherinnen haben ihre Interessen und Stärken während dieser Zeit ausleben können. Im Idealfall hat jedes Teammitglied selbst neue **Freude an Bewegung** gefunden. Auch über die **Hintergründe der Sport-Olympiaden** und **-Meisterschaften** konnten sie etwas erfahren. Dabei lernten sie, dass nicht nur die eigene Leistung beim Sport eine Rolle spielt, sondern auch das **soziale Miteinander. Teamfähigkeit** ist nun auch beim Sport-Fest gefragt, wenn die Kinder mit ihren Familien Spiele und Aktionen bestreiten.

Zur Planung und Vorbereitung

Räumlichkeiten und Material

Für ein Sport-Fest benötigen Sie **viel Platz.** Am besten ist es, wenn Sie ein **großes Freigelände,** wie einen **Kita-Garten, Sportplatz** oder eine **große Wiese** in einem Park, zur Verfügung haben. Bei schlechtem Wetter können Sie notfalls auch auf eine **Turnhalle** oder einen großen **Bewegungsraum** ausweichen. Allerdings geht das nur, wenn Sie mit einer entsprechend kleinen Gruppe von Kindern und Gästen feiern wollen. Bedenken Sie dabei, dass es bei einem Sport-Fest recht laut und wild zugeht. Daher kommt es schnell zu Überreizungen, wenn Räume zu eng, zu voll oder hellhörig sind.

Für die Sport-Aktionen benötigen Sie entsprechende **Geräte** und **Materialien.** Das müssen nicht zwingend Sportgeräte sein. Sie können die meisten Geräte aus handelsüblichen Materialien **selbst herstellen** oder **Alltagsgegenstände** verwenden.

Jeder Besucher erhält eine **Teilnehmerkarte,** auf der an jedem Stand ein **Stempel** oder Zeichen vermerkt wird. So sammeln die Teilnehmer ihre Punkte über die Teilnahme und nicht über ihre Leistung. Herausragende Leistungen könnten allerdings zusätzlich vermerkt werden.

Vergessen Sie nicht, ausreichend **Sonnenschirme** zu besorgen, damit sowohl die Sportstände als auch der Bereich für Speisen und Getränke vor Sonne geschützt sind.

Sicherheit

Ein Sport-Fest mit vielen bewegten Aktivitäten erfordert besondere Aufmerksamkeit.
Verwenden Sie nur **Geräte,** die den **aktuellen Prüfnormen** entsprechen. Wenn Sie selbstgebaute oder -gebastelte Geräte und Materialien verwenden, achten Sie auch hier auf die Sicherheit:

Hier liste ich Ihnen die **wichtigsten Sicherheitsmaßnahmen** auf:

- Bei Sprung- und Kletteraktionen gilt: Der Boden muss immer gepolstert sein!
- Große Trampoline dürfen nur mit Schutzzaun aufgestellt werden, und die Teilnehmer dürfen sie nur einzeln benutzen, denn Zusammenstöße können gefährliche Kopfverletzungen verursachen.
- Bei den Sportlern sollten Sie auf angemessene Kleidung achten: keine Schnüre mit Feststellern oder dicken Knoten, keine Helme, geeignetes Schuhwerk (falls barfuß, dann den Boden vorher sichten und von Scherben, Splittern, Dornen und Bienen befreien).
- Die Sportler sollten Sonnenschutz (Cap, Tuch, Sonnenschirme) und Sonnencreme verwenden. Stellen Sie ein paar Flaschen an verschiedenen Stellen zur Verfügung.
- Die Teilnehmer tragen vorzugsweise nicht zu dicke Kleidung, um eine Überhitzung zu vermeiden.
- Halten Sie jederzeit und überall Erste-Hilfe-Ausrüstungen bereit, vor allem Kühl-Elemente, Pflaster und sauberes Wasser.
- Telefone mit Notrufmöglichkeiten sollten außerdem verfügbar sein.

Musik

Musik zum Sport-Fest ist beim abschließenden Zusammensein **angenehm, aber nicht notwendig.** Egal, ob es Live-Musik oder Musik aus der „Konserve" ist, Hauptsache, sie ist so leise, dass sich die Gäste entspannt unterhalten können.

Für die Siegerehrung oder andere gemeinsame Punkte im Programm eignet sich eine **Kita-Hymne** (in Anlehnung an die Nationalhymnen). Wenn Sie mit mehreren Gruppen einer Kita feiern, kann jede Gruppe eine **eigene Hymne texten.** Bleiben Melodie und Refrain dabei immer gleich, können bald auch alle Besucher mitsingen. Wenn Sie keine Komponisten im Team haben, nutzen Sie einfach eine **bekannte Melodie,** die gut zur Stimmung passt, und texten dann dazu. Achten Sie aber auch hier auf evtl. anfallende **GEMA-Gebühren** und **Urheberrechte** (vgl. auch den Hinweis auf Seite 7), am besten verwenden Sie **alte Volkslieder,** denn diese sind gemeinfrei.

Speisen und Getränke

Sportliche Aktivitäten machen durstig und hungrig. **Speisen** und **Getränke** sollten entsprechen **leicht** und **erfrischend** sein, aber natürlich auch satt machen. Bieten Sie vor allem überall **ausreichend frisches Wasser** an, damit gerade bei sommerlichen Temperaturen niemand überhitzt. Weitere **Getränke** könnten sein:

- Fruchtschorlen (1/3 100-prozentiger Fruchtsaft und 2/3 Wasser),
- kalter Tee, ungesüßt oder mit Apfelsaft gesüßt (keinen Eistee, der enthält viel Zucker und Koffein sowie diverse Farb- und Geschmacksstoffe),
- selbstgemachte Limonade (Sprudelwasser, ausgepresste Zitrone und Honig/Zucker/Agavensirup oder Ähnliches),
- Buttermilch; verwenden Sie aber lieber neutrale Buttermilch, da Fruchtbuttermilch meist mit Zucker und Aromastoffen angereichert ist; geben Sie lieber einen Spritzer Zitrone hinein, das schmeckt sehr erfrischend.

Zum Essen ist es am praktischsten, ein **Buffet** anzubieten, das anregt, sich etwas **Zeit zum Essen** zu nehmen. Die Sportler sollten sich ausruhen, entspannen und gemütlich zusammen essen. Auch wenn es verlockend ist und zur Stimmung passen würde – Grillen ist nur wenig geeignet: Zum einen sind Fleisch und Wurst vom Grill meist schwer und fettreich, was nach dem Sport nicht so empfehlenswert ist. Zum anderen benötigt das Grillen viel Zeit. Die Eltern und das Erzieher-Team sind aber mit dem Sport-Fest schon genug beschäftigt.
Hier sind ein paar **Vorschläge** für die geeignete Sportler-Verköstigung:

- Salate in vielen Variationen (auch Obstsalat),
- gekochte Eier,
- Hähnchenkeulen und andere „handliche" Fleischspeisen,
- Kartoffel-Schiffchen aus dem Backofen (nehmen Sie Bio-Kartoffeln gleich mit Schale, und würzen Sie sie mit Rosmarin und Meersalz),

- Quarkspeisen und Fruchtjoghurts (natürlich selbstgemacht),
- kleine Zwischen-Snacks, um bei Kräften zu bleiben: Hier können Sie Obst (in handlichen Stücken) oder Obstspieße anbieten; auch Rohkost, wie Karotten, Kohlrabi, Gurken und Paprika, sind gute Energiespender,
- Mini-Eis-am-Stiel: Diese schmecken köstlich erfrischend und sind gesund zugleich; dafür frieren Sie frisch gepressten Fruchtsaft in Eiswürfelbehälter ein; kurz vor dem Erhärten stecken Sie jeweils einen kleinen Holzstiel hinein.

Dekoration und Atmosphäre

Die Tischdekoration erhält entsprechend des Fest-Mottos und der **Sportler-Logos** passende **Farben** und **Formen.** Gibt es beispielsweise für die Gruppen ein Symbol, sollten sich diese auch wiederfinden. Basteln Sie mit den Kindern **Fähnchen,** bemalen Sie **Papiertischdecken,** und basteln Sie bunte **Papiergirlanden.** Sportfestlich wirken große **Flaggen** und **Banner** mit den **Fest-Symbolen, olympischen Ringen** usw.

Weitere Raumdekoration wird nicht benötigt. Sie können natürlich die Sportstände mit selbstgestalteten Fahnen ausstatten und auch dort Tische und Stühle und das, was jeweils benötigt wird, mit dem Fest-Logo verzieren.

Personal und Zuständigkeiten

Jede **Sport-Aktion** benötigt mindestens **zwei Betreuer.** Eine Person kann erklären, Zeiten stoppen, aufschreiben. Eine weitere Person achtet auf die Sicherheit, gibt Hilfestellungen etc. Diese Personen sind zugleich auch Schiedsrichter, falls mehrere Mannschaften gegeneinander antreten sollen. Ideal wäre es, wenn Sie **Eltern** oder **jugendliche Geschwister** der Kinder für die Mithilfe gewinnen können, damit immer genügend Leute an den Sportständen bereitstehen.

Ernennen Sie mindestens eine Person, besser mehrere, als **Sport-Fotografen.** So gewährleisten Sie, dass für spätere Dokumentationen (Portfolio) genügend Foto-Material zur Verfügung steht. Da meist viele Eltern ohnehin gerne fotografieren, bietet es sich an, vorab (in der Einladung) anzukündigen, dass diese Fotografen gesucht werden und infolgedessen nicht alle fotografieren müssen. So können sich die Gäste wesentlich mehr auf die Sport-Aktionen konzentrieren.

Öffentlichkeitsarbeit

Laden Sie rechtzeitig die **örtliche Presse** ein, damit ein Bericht mit Foto in der Tageszeitung erscheint. Falls Sie die Möglichkeit haben, die Turnhalle oder den Sportplatz einer **nahe gelegenen Grundschule** für Ihre festliche Olympiade zu nutzen, können Sie ja auch gleich die Lehrer und Schüler als Dankeschön einladen. Außerdem ist dies ein willkommener Anlass, miteinander ins Gespräch zu kommen und eine Kooperation mit der Schule anzustoßen.

Finanzierung

Nutzen Sie das Fest als Werbeplattform, um **Sponsoren** zu finden (ganz so, wie im echten Sportlergeschäft). Achten Sie aber darauf, nur **Firmen** auszusuchen, die umweltfreundlich wirtschaften. Vielleicht fragen Sie einen örtlichen **Fachhandel für Sportkleidung** und **Sportzubehör** oder Ähnliches nach (Sach-) Spenden. Klären Sie vorher aber mit dem Träger die rechtliche Seite ab.

Statt die für jeden so notwendigen Getränke und Speisen zu verkaufen, können Sie ein **„Startgeld"** von den Besuchern verlangen. Geben Sie einen **kleinen Mindestbeitrag** an, den sich jede Familie leisten kann, zum Beispiel 1 €. Wer mag, spendet mehr. Informieren Sie die Gäste unbedingt darüber, dass dieses Geld ein **Unkostenbeitrag** für das Fest ist und das übrige Geld direkt den Kindern zukommt (dokumentieren Sie diese Ausgaben gewissenhaft). Lassen Sie den Eltern den Hinweis auf das Startgeld bereits mit der Einladung zukommen.

Verkaufen Sie **„Merchandising-Produkte"** passend zum Sport-Fest, zum Beispiel mit dem Fest-Logo **selbstbedruckte oder -bemalte Caps, T-Shirts, Turnbeutel, Handtücher, Stirnbänder, Schweißbänder, Becher und Tassen** (hierfür gibt es spezielle Farben).

Ablauforganisation im Team

Ob das Fest „Olympiade" heißt und entsprechend gestaltet wird oder einfach ein „Sport-Fest" ist, entscheiden Sie je nachdem, welche Aktionen und Rahmenbedingungen Sie einplanen. Da auch beim Sport-Fest die Freude und **Geselligkeit im Vordergrund** steht, sollte schon bei der Einladung deutlich werden, dass es nicht um sportliche Höchstleistungen geht. Der olympische Gedanke **„Dabei sein ist alles"** sagt es aus: Es geht um das fröhliche Miteinander und den Spaß an gemeinsamer Bewegung.

Dieser Hintergrund führt dazu, eben nicht nur Wettkampf-Disziplinen aus dem realen Sport auszuwählen. Suchen Sie lieber **Sport-** und **Bewegungsaktionen** aus, die lustig, einfach zu verstehen und umzusetzen sind. Denken Sie dabei daran, dass auch **behinderte Kinder** und **Erwachsene, ältere Gäste** oder **Kleinkinder** teilnehmen können. Bieten Sie so viele Sportstände an, dass alle Besucher beschäftigt sind und **keine langen Wartezeiten** entstehen. An jeder Sportstation können sich die Besucher ihre **Karten abstempeln** lassen, sodass am Schluss ersichtlich ist, wer welche Stände besucht hat.

Immer **eine** oder **auch zwei Familien** können die **Sportstände** zusammen durchlaufen. Achten Sie dabei auf Ausgewogenheit bei den **Gruppen** und darauf, dass auch schüchterne Teilnehmer oder Familien, die schlecht Deutsch sprechen, eine Gruppe finden. Die Gruppen werden vorher von Ihnen festgelegt (so können sich die Familien einmal neu kennenlernen). Oder die Gruppen finden sich selbst zusammen. Die Entscheidung ist davon abhängig, wie sich die Eltern bereits zusammengefunden haben und wie sie untereinander harmonieren.

Zusätzlich zu den Sportständen sind **„Pausenfüller"**, wie **kleine Spielgeräte, Malsachen** und **Ähnliches,** hilfreich. Auch hierfür sollten eine oder zwei Kolleginnen die Ansprechpartner sein. Damit auch eine **Verschnaufpause** „bewegt" bleibt, können Sie einige **Hängematten** aufhängen. Hier kann man sich ausruhen und ein bisschen schaukeln.

Einladungen

Die Einladung zum Sport-Fest gestalten Sie entsprechend Ihrer Ausrichtung des Festes. Statt der üblichen Faltkarte können Sie den Text auf einer **Fahne** unterbringen. Drucken oder kopieren Sie die Einladung im Querformat auf DIN-A4-Papier, und lassen Sie die Kinder das Fest-Logo oder andere Bilder auf die Vorderseite zeichnen. Das Papier kleben Sie an einen dünnen Holzstab. Kleineres Papier (DIN A5) passt auch an einen Strohhalm.

Bitten Sie in der Einladung darum, sich **sportlich-bequem** zu kleiden. Erklären Sie auch den **Spielcharakter des Sport-Festes,** zum Beispiel mit den Worten: *„Ob Sie einen neuen Weltrekord im Papierkugel-Weitspucken aufstellen oder als Letzter durch das Ziel beim Vorwärts-Rückwärts-Lauf gehen – Hauptsache Sie feiern mit uns und haben Spaß dabei!"*

Gewinne und Auszeichnungen

Wenn Ihnen wichtig ist, besondere Leistungen zu prämieren, **setzen Sie vor dem Fest Gewinne fest.** Dabei sollte wiederum der Schwerpunkt auf dem „Dabeisein" liegen und nicht auf der Höchstleistung. Also werden Kinder prämiert, die sich besonders bemüht haben, alle Stände zu besuchen, und dabei noch Teamfähigkeit bewiesen haben. Sie können auch alle Teamkarten der Kinder, die (fast) alle Stände besucht haben, in eine **Lostrommel** werfen und die Sieger am Ende des Festes feierlich ziehen. Diese **Preise** könnten Sie vergeben:

- ein Training mit einem Profi in einer Schnupperstunde,
- Sport- und Freizeitgeräte, wie Jonglierbälle, Springseile, Wasserbälle,
- eine Freikarte für einen Kletterpark oder ein Freibad.

Die Preise werden bei einer **Siegerehrung** überreicht. Die Teilnehmer bekommen aber auch **Orden** oder **Urkunden,** die Sie vor dem Fest mit ein paar Eltern selbst gestaltet haben.

Bevor es losgehen kann: Aufwärmen als Auftakt!

Das Aufwärmen gehört zum Sport dazu! Die Teilnehmer joggen dazu ein paar Runden um den Platz, die Wiese oder wo auch immer Sie Ihr Sport-Fest abhalten. Nach dem Einlaufen müssen alle Teilnehmer ein Stückchen im Zickzack gehen, hüpfen, rückwärtsgehen usw. Das funktioniert gut, wenn jeweils ein Kind aus der Gruppe vormacht, was die anderen nachmachen sollen.

Spiele und Aktionen

Gewichtheben

Das brauchen Sie:

- leere Waschmittelflaschen, Getränkeflaschen und Spülmittelflaschen, gefüllt mit Wasser oder Sand, als Hanteln

So geht es:
Alle Spieler stellen sich nebeneinander auf und halten mit ausgestreckten Armen die Gewichte so lange wie möglich. Wenn es ein Wettbewerb sein soll, stoppen Sie einfach die am längsten ausgehaltene Zeit, oder zählen Sie die Zeiten aller Spieler eines Teams zusammen.

Sackhüpfen

Sackhüpfen kennt jeder, doch wird es nur noch selten gespielt. Schade, denn es ist so lustig für Jung und Alt!

Das brauchen Sie:

- alte Kopfkissenbezüge oder Kartoffelsäcke
- Plastikflaschen, Seil, Kreide oder Klebeband zum Markieren

So geht es:
Bieten Sie den Spielern alte Kopfkissenbezüge oder Kartoffelsäcke an, je nach Größe des Sportlers. Es können ganze Gruppen oder aus zwei Mitspielern bestehende Paare gegeneinander antreten. Markieren Sie mit einem Seil oder zwei Plastikflaschen eine Start- und eine Ziellinie, und geben Sie ein Startzeichen. Wer hüpfend im Ziel ankommt, ohne den Sack zu verlieren, sich komplett darin zu verheddern oder Purzelbäume zu machen, ist der Gewinner.

Balancieren

Das brauchen Sie:

- Baumstämme, dicke Seile, Steinwege, Bänke oder Ähnliches

So geht es:
Legen Sie mit Hilfe der Materialien eine Balancierstrecke aus, die es abzugehen gilt. Bauen Sie Schwierigkeitsgrade ein: Zum Beispiel können Sie zur Aufgabe stellen, den Balancierparcours rückwärts, seitwärts, hüpfend zu bestreiten.

Schubkarren-Wettlauf

So geht es:
Ein Kind stützt die Hände auf den Boden und streckt die Beine nach hinten, wie beim Liegestütz. Ein Erwachsener greift die Füße, und los geht es! Alle Paare treten nebeneinander oder je zwei gegeneinander an. Auch ein Parcours ist möglich.

Eierlauf

Das brauchen Sie:
- hart gekochte Eier (alternativ: Tischtennisbälle)
- Löffel
- Schnüre, Kisten, Flaschen, Sonnenschirme oder Ähnliches als Hindernisse

So geht es:
Hier geht es um Konzentration und Geschicklichkeit. Die Spieler müssen ein Ei, einen Tischtennisball oder Ähnliches auf einem Löffel vor sich her balancieren. Dabei gehen sie möglichst schnell einen schwierigen Weg ab: über Hindernisse, unter einer gespannten Schnur hindurch oder im Slalom um Sonnenschirme herum.

Variation:
Diesen Eierlauf kann man natürlich auch sehr gut als Wettspiel gestalten. Dazu braucht man dann zwei parallele Hindernisparcours.

Autorennen

Bei diesem Spiel ist eine gut entwickelte Feinmotorik gefragt.

Das brauchen Sie:
- Bindfaden
- Modellautos
- Stöcke oder Stifte
- Klebeband zum Markieren
- evtl. Langbänke zum Sitzen

So geht es:
Knoten Sie zwei bis drei Meter lange Schnüre (Bindfäden) an kleine Modellautos. Das andere Ende des Fadens knoten Sie an ein Stöckchen oder einen Stift. Die Autos stehen auf einer Klebebandlinie aufgereiht, die Spieler an einer anderen Linie, etwa einen Meter gegenüber. Auf Kommando wickeln sie den Faden auf und ziehen so das Auto zu sich heran.
Es darf erst vom Boden abheben, wenn es bei den Füßen, also an der Markierungslinie, an der die Spieler stehen, angekommen ist. Wer sein Auto zuerst oben beim Stock hat, ist Sieger und bekommt einen Punkt für seine Mannschaft.

Tipp

Dieses Spiel ist auch prima für Rollstuhlfahrer geeignet, deren Handmotorik nicht beeinträchtigt ist. Damit alle Spieler die gleiche Ausgangsposition haben wie der Rollstuhlfahrer, sitzen sie auf einer Bank.

Klettergarten

Das brauchen Sie:

- Seile, Strickleitern, Schaukelringe
- Bäume bzw. Klettergerüst oder -wand zum Befestigen

So geht es:

Knoten Sie Seile, Strickleitern und Schaukelringe zwischen Bäume. So entsteht ein kleiner Klettergarten. Hier wird ausprobiert, was man sich traut, wie hoch man klettern kann und ob man es schafft, ein Seil entlangzubalancieren, wenn man sich nur an einem anderen Seil festhalten kann ...

Tipp

Die Attraktion ist ein Seil-Aufzug! Hierfür schwingen Sie ein stabiles, sehr langes Seil über einen Ast, der möglichst waagerecht steht und eine glatte Rinde hat. Der Ast sollte nicht dicker als 30 cm im Durchmesser sein. An ein Ende des Seils knüpfen Sie einen dicken Knoten oder eine feste Schlaufe (sie darf sich nicht zusammenziehen). Der Sportler kann sich nun in die Schlaufe oder auf den Knoten setzen und versuchen, sich mit Hilfe des zweiten Seil-Endes hochzuziehen.

Ballstation

Das brauchen Sie:

- Bälle in verschiedenen Größen
- Stoppuhr oder Sanduhr

So geht es:

Fangen und Werfen ist die Aufgabe bei einer Ballstation. Dafür gibt es drei Bälle in verschiedenen Größen (Tennisball, Gymnastikball, Wasserball). Die Gruppe stellt sich im Kreis auf und wirft sich erst den kleinsten Ball über eine gewisse Zeit (Stoppuhr oder Sanduhr bereitstellen) zu, dann den nächsten usw. Ziel ist es, den Ball nicht fallen zu lassen. Das ist gerade für die Jüngsten schwierig und setzt voraus, dass die Teams aufeinander Rücksicht nehmen.

Tipp

Verwenden Sie an heißen Tagen Wasserbomben (mit Wasser gefüllte Luftballons) in drei Größen!

Hochsprung

Das brauchen Sie:

- Bäume, Klettergerüste, freie Wandfläche
- verschiedene Gegenstände zum Greifen
- Kreide
- Seile oder Schnüre zum Befestigen

So geht es:

Hochspringen ist gar nicht so einfach. Bieten Sie dafür Gelegenheiten: Lassen Sie die Spieler Würstchen oder Süßigkeiten von einer höher gelegenen Position durch Hochspringen schnappen, oder befestigen Sie Gegenstände an einem hohen Ast, die die Spieler erst durch Hochspringen greifen können. Oder Sie stellen die Aufgabe, mit Kreide ein bestimmtes Zeichen an eine Wand oder einen Baum zu malen.

Kellnern

Dieses Spiel ist ein sehr schönes Partnerspiel.

Das brauchen Sie:
- Schüssel, mit Wasser gefüllt
- Tablett
- Messbecher

So geht es:
Füllen Sie in eine Schüssel eine bestimmte, vorher festgelegte Menge Wasser. Diese Schüssel stellen Sie auf ein Tablett. Zwei Spieler müssen nun im Team dieses Tablett über eine Strecke mit Hindernissen tragen. Wenn die Partner am Ende des Parcours angekommen sind, füllen Sie die verbliebene Wassermenge aus der Schüssel in einen Messbecher und berechnen so, wie viel Wasser auf dem Weg verloren gegangen ist.

Tipp
Sie können auch eine Musterschüssel mit der vollständigen Wassermenge bereitstellen und dann per Augenmaß vergleichen, wie viel Wasser in der einen Schüssel fehlt.

Boxsack

Das brauchen Sie:
- alter Kopfkissenbezug oder großer Beutel, mit Sand oder Sägespänen gefüllt
- stabile Schnur
- dicker Ast oder Schaukelgerüst

So geht es:
Benutzen Sie den mit Sand gefüllten Kissenbezug als Boxsack, und hängen Sie diesen an einen Ast oder ein Schaukelgerüst. Nun darf kräftig geboxt werden. Wenn Sie den Boxsack in eine Staffel oder einen Hindernislauf integrieren, werden dabei die Armmuskeln nur zwischendurch beansprucht.

Tauziehen

... ein beliebtes, altes Mannschaftsspiel, das nicht fehlen sollte! Hier geht es nämlich nicht nur ums Kräftemessen, sondern es baut sich bei den Spielern auch ein großes Zusammengehörigkeitsgefühl auf.

Das brauchen Sie:
- Tau
- Klebeband
- Seil (alternativ: Kreide zum Markieren)

So geht es:
Zwei Mannschaften stehen sich gegenüber. Eine Linie (Seil oder Kreidestrich) markiert die Mitte. Ein Seil bekommt in seiner Mitte eine Markierung aus Klebeband, diese liegt genau auf der Mittellinie. Nun ziehen die Mannschaften an beiden Enden auf Kommando an mit dem Ziel, dass der erste Mitspieler der anderen Mannschaft über die Linie tritt. Passiert das, ist das Tauziehen beendet.

Hocker

Das brauchen Sie:
- eine freie Wandfläche
- eine Stoppuhr oder Sanduhr

So geht es:
Die Spieler haben die Aufgabe, sich zunächst an eine Wand zu lehnen und dann hinunterzurutschen, bis sie sich in einer hockeähnlichen Haltung befinden, so, als wenn sie auf einem Stuhl säßen. In dieser Position sollten die Spieler möglichst lange ausharren. Machen Sie eine Mindestzeit aus, die es als Bedingung für den Stempel zu erfüllen gilt.

Pipeline

Dies ist ein sehr lustiges und aktives Teamspiel, bei dem die Kreativität und Problemlösekompetenz der Spieler gefragt ist.

Das brauchen Sie:
- Wasser
- einen Eimer oder Messbecher

So geht es:
Die Aufgabe besteht darin, möglichst viel Wasser ins Ziel (zum Beispiel ein Eimer oder ein Messbecher) zu bringen. Die Gruppe bekommt aber keine Behälter für den Wassertransport! Hier ist Fantasie gefragt. Und natürlich sollte das Wasser innerhalb einer festgelegten Zeit transportiert werden.

Darauf sollten Sie achten:
Die Strecke sollte so liegen, dass die Sportler nicht ausrutschen können. Ein Fliesenboden, der durch verschüttetes Wasser gefährlich glitschig wird, eignet sich daher nicht. Am besten ist es, wenn Sie das Spiel auf einer Wiese, einem Sandboden oder in einem Waldstück, vielleicht nahe eines Baches, spielen.

Diamanten sammeln

Das brauchen Sie:
- Muggelsteine in verschiedenen Farben
- Kiesweg oder Rasenfläche
- Stoppuhr oder Sanduhr

So geht es:
Legen Sie die Muggelsteine auf einem Kiesweg oder einem Weg auf einer Wiese aus. Die Spieler haben die Aufgabe, für eine vereinbarte Zeit immer wieder über diesen Weg zu joggen und dabei möglichst viele Muggelsteine aufzuheben. Alle Spieler der Mannschaft laufen hintereinander den vorgegebenen Pfad entlang und versuchen ihr Glück. Wenn Sie einen Stein entdeckt haben, heben Sie ihn rasch auf, aber bleiben dabei nicht stehen. Sie stoppen währenddessen die Zeit. Gewonnen hat die Mannschaft mit den meisten (roten/blauen/...) Muggelsteinen.

Ein Blick zurück: erlebt, gelernt, dokumentiert

Wenn es Ihnen gelungen ist, während des Festes viele **Fotos** und möglicherweise auch **Videos** zu machen, können Sie nun die Daten auswerten. Denn hier haben Sie Material für viele **Portfolio-Seiten,** die Sie mit den Kindern gemeinsam erstellen können. Fotos untermalen und erläutern bestimmte Eindrücke, wie zum Beispiel das geschickte Balancieren eines Kindes, das gerade erst laufen gelernt hat, oder das ausgezeichnete Agieren im Team eines Vierjährigen, der sich sonst in der Gruppe nur zögerlich integriert ...

Sprechen Sie mit den Kindern über deren **Eindrücke,** und halten Sie fest, wie die **Empfindungen** waren:

- Hat den Kindern das Fest Freude gemacht?
- Wie empfanden sie das Zusammenspiel mit den Eltern?
- Welche Sport- und Spielangebote fanden sie besonders gut?
- Wie kam es bei den Kindern an, dass es vor allem um das Dabeisein und Mitmachen ging und weniger darum, der Beste zu sein?
- Was haben Sie gelernt? Was können sie (jetzt) besonders gut oder besser?
- Was wollen sie noch üben?

Reflektieren Sie mit einzelnen Kindern deren Entwicklungsfortschritte. Sicher haben viele von ihnen körperliche, intellektuelle und emotionale Veränderungen erfahren. Zum Beispiel traut sich ein Kind nun, in einer größeren Gruppe mitzuspielen, ein anderes hat im Laufe des Projekts den Purzelbaum gelernt und diesen sogar beim Sport-Fest seinen Eltern präsentiert. **Dokumentieren** Sie die für das Kind wichtigsten Lernmomente und Entwicklungen im **Portfolio.**
Integrieren Sie beliebte **Sport- und Spielarten** in den **zukünftigen Alltag** mit den Kindern.

Erstellen Sie gemeinsam mit Kindern ein **Spiel-** und **Sportlexikon.** Nutzen Sie dafür Fotos der Stationen, worauf das Spiel oder Sportangebot sichtbar wird. Lassen Sie die Kinder die **Regeln** und **Aufgaben** beschreiben, und notieren Sie diese unter den Bildern.

Tipp

Das Sportlexikon ist auch eine schöne Gelegenheit für einen medienpädagogischen Ansatz: Erstellen Sie doch gemeinsam am Computer die einzelnen Seiten für das Lexikon, und gestalten Sie daraus ein Buch oder eine Zeitung.

Großes Orchester-Konzert – ein Musik-Fest

Warum ein Musik-Fest?

Die Auseinandersetzung mit Musik erfordert es, sich zunächst gezielt auf eine **Musikrichtung** festzulegen und Kindern im ersten Schritt die **Wurzeln** unserer modernen **Musikkultur** aufzuzeigen. Über ein Jahr oder auch ein paar Monate hinweg lernen sie daher verschiedene **klassische Komponisten** und **Instrumente** kennen.

Die Auseinandersetzung mit Musik fördert zugleich auch andere Lernbereiche: Rhythmische Klänge fordern zum Bewegen auf. Die Kinder klatschen, stampfen, klopfen ... und sind dabei **mit dem ganzen Körper** aktiv. Zudem fördert die intensive Auseinandersetzung mit Klängen und Geräuschen die **Konzentration** und **auditive Wahrnehmung,** die wiederum beim Spracherwerb eine zentrale Rolle spielt. Und nicht zuletzt erfahren die Kinder, dass man mit Musik und Geräuschen auch **Gefühle ausdrücken** kann.

Das Musik-Fest bietet schließlich einen Rahmen, all diese klangvollen und rhythmischen Erfahrungen zu bündeln. Als **Highlight** und zugleich **zur Präsentation** der Projekt-Ergebnisse findet ein **Konzert** statt. Die Kinder singen und spielen Instrumente und empfinden so die Musik der Komponisten nach. Dabei stellen Sie mit Ihnen ein eigenes **Potpourri** oder **Medley** aus verschiedenen Kompositionen und **Musikstilen** zusammen.

Für die meisten Kinder ist es ein **positives Erlebnis,** ihre Lernergebnisse vor einem **Publikum** zu präsentieren. Kinder, die sich nicht trauen, sollten nicht gezwungen, aber ermuntert werden, um auch in den Genuss des anschließenden Erfolgserlebnisses nach der gelungenen **Aufführung** zu kommen.

Zur Planung und Vorbereitung

Räumlichkeiten und Material

Für das Konzert benötigen Sie eine **Bühne** in einem **großen Raum** oder **im Freien.** Achten Sie auf eine gute Akustik, damit man die Kinder auch gut hört. Die Fest-Aktionen erfordern mehrere **separate Räume oder Plätze,** in denen ausreichend **Material- und Basteltische** zur Verfügung stehen, an denen die Teilnehmer ihre Instrumente anfertigen können. Damit sich die Musiker nicht gegenseitig stören, sollten die Tische oder gar die Räume möglichst weit **voneinander entfernt** sein. Wenn sie einen großen Garten nutzen können, bauen Sie die Sitzplätze in die Mitte und die Stationen außen herum. Müssen Sie wegen schlechten Wetters drinnen feiern, verteilen Sie die Stände möglichst auf mehrere Räume.

Wie später bei den Aktivitäten angegeben, benötigen Sie **unterschiedliche Materialien,** die aber alle **einfach und meist kostenlos zu beschaffen** sind. Für das Konzert sollten die Kinder ihre Instrumente aus der Projektphase benutzen.

Speisen und Getränke

Damit genügend Zeit zum Herstellen und Ausprobieren der Instrumente bleibt, sollten Sie das Buffet zeitgleich eröffnen. Daher **erübrigt sich die Frage nach Hintergrundmusik,** die beim Bauen und Musizieren nur stören würde. Bieten Sie die Speisen und Getränke jedoch in einem abgeschlossenen Raum an, können Sie **klassische Musikstücke** passend zur Projektzeit abspielen.

Die **Speisen** und **Getränke** sollten wegen der zeitintensiven Aktivitäten **möglichst einfach** gehalten sein. Bestens geeignet ist **Fingerfood,** zum Beispiel:

- Fleisch-, Gemüse- und Getreidebällchen,
- kleine Obst- und Gemüsespieße,
- Donuts, Kuchenstücke und Muffins,
- Rohkost und Obst in kleinen handlichen Stücken.

Dekoration und Atmosphäre

Dekorieren Sie das **Buffet** mit **Tischdecken,** auf die die Kinder **Noten, Instrumente** und **Komponisten** gezeichnet haben. **Girlanden,** die aussehen wie **Notenzeilen,** kann man aus vielmals gefaltetem Papier ausschneiden. Lassen Sie die Kinder große **Instrumente** malen, ausschneiden und an die Wände hängen. Vielleicht können die Kinder während der Projektzeit auch große **Instrumente aus Pappmaschee** herstellen, die nun in den Räumen ausgestellt oder aufgehängt werden.

In der Projektzeit haben Sie mit den Kindern sicher auch **eigene Instrumente** hergestellt. Diese sollen natürlich auch einen besonderen Platz bekommen, vielleicht in Form einer **Ausstellung in Vitrinen** oder auf einem langen Tisch zum Anschauen und Ausprobieren.

Und natürlich dürfen auch **echte Instrumente** das musikalische Ambiente unterstreichen. Sicherlich haben Sie bereits eine Auswahl an **Orff-Instrumenten** in Ihrer Einrichtung.

Personal und Zuständigkeiten

Für das Konzert benötigen die Kinder intensive Unterstützung der Erzieherinnen, die sie während der Projektzeit begleitet haben. Die Aktivitäten während des Festes müssen ebenfalls intensiv betreut werden, daher ist ein **hoher Personalaufwand** nötig. Hier muss sich jeder **Betreuer** vor dem Fest mit dem Instrument beschäftigen, das gebaut und gespielt werden soll, damit er es auch vermitteln kann. Es wäre gut, wenn Sie Menschen finden **(Erzieherinnen, Eltern, Musiker)**, die das jeweilige Instrument beherrschen bzw. mit der Technik des Spiels vertraut sind, weil dann die Vermittlung am besten klappt. Einiges davon können Sie sich als Erzieherin während der Projektphase selbst aneignen (zum Beispiel Trommeln bauen und spielen).

Für die **Koordination und Anleitung der Instrumentenbauer** und späteren Musiker des Abschlusskonzerts benötigen Sie einen **„musikalischen Leiter“**, der auch das Abschlusskonzert dirigieren kann. Er sollte sich zutrauen, die große Menge Menschen zu lenken und zu motivieren, damit das Konzert auch funktioniert.

Öffentlichkeitsarbeit

Wie oben beschrieben, ist es lohnenswert und sinnvoll, **Fachleute** für das Fest zu gewinnen. Im besten Falle hatten Sie bereits während der Projektzeit Fachleute zur Unterstützung an Ihrer Seite. Da so ein Fest eine hervorragende Plattform für Eigenwerbung ist, sind **Musiklehrer** vielleicht sogar zu motivieren, ehrenamtlich mitzuhelfen. Fragen Sie auch im örtlichen **Seniorenheim** nach **Musikern im Ruhestand,** die einen Beitrag leisten wollen und können. Bieten Sie umgekehrt an, im Seniorenheim ein kleines Konzert zu geben oder einige Senioren zum Fest einzuladen.

Finanzierung

Letztendlich fallen **nur für evtl. gebuchte Musiker als Helfer und Lehrer** Kosten an. Als Materialien für den Bau der Instrumente benötigen Sie fast ausschließlich „wertloses“ Material, also **Alltagsgegenstände, Naturmaterialien** oder verwertbaren, gereinigten **Müll.** Die Getränke können die Gäste direkt bezahlen, das Essen wird mitgebracht. Für die verbleibenden Kosten können Sie eine **Spendenbüchse** aufstellen (vielleicht in Form eines Musikinstrumentes, aus Pappmaschee selbstgemacht).

Ablauforganisation im Team

Wenn Sie sich im **Team schon während der Projektzeit aufteilen,** können Sie sich auf bestimmte **Instrumente** und **Komponisten spezialisieren.** Für das Fest müssen Sie somit wesentlich weniger vorbereiten. Doch vor allem sollten alle Beteiligten offen sein für ein Fest voller neuer Erlebnisse. Denn es werden viele verschiedene Instrumente entstehen, die so individuell sind wie ihre Erbauer.

Das **Kinderkonzert** bildet den **Abschluss** des Musik-Projektes und ist eine Möglichkeit, das Gelernte zu präsentieren. Doch sollte es nicht zu einem Könner-Wettbewerb ausarten. Achten Sie einfach darauf, dass sich die Kinder sowohl bei den Proben als auch beim Konzert wohlfühlen und Freude am Musizieren haben. Dann sind schiefe Töne und rhythmische Aussetzer nebensächlich, weil das Publikum allein von der Stimmung bereits angesteckt wird.

Einladungen

Wenn Sie viel Text unterbringen wollen, sollten Sie **einfache Klappkarten** gestalten, die zum Beispiel mit Instrumenten, selbst gezeichnet von den Kindern, beklebt werden. Je nach Größe bringt man mehr oder weniger **Text auf Instrumenten** unter, die **aus Pappe** ausgeschnitten und bemalt werden.

Wenn Sie mit den Kindern Zeit dafür finden, basteln Sie **kleine Glocken aus Ton-Blumentöpfen.** Als Glockenschlägel fädeln Sie eine Schnur mit einer Holz- oder Keramikkugel von innen durch das Loch des Topfes und befestigen sie außen an einem Streichholz, das nun quer über dem Loch liegen muss. Den Einladungstext kleben Sie außen an den Tontopf – einmal darum herum. Ähnlich gestalten Sie eine **Einladung als Trommel:** Kleben Sie Papier als Trommelfell oben auf die große Öffnung eines runden Kunststoffbehälters. Den Einladungstext schreiben Sie auf einen breiten Papierstreifen, den Sie dann einmal um die Außenwand des Behälters herumkleben. Fertig ist die Einladungstrommel!

Großes Konzert zur Einstimmung

Zu Beginn des Festes steht das **große Konzert der Kinder.** Es ist zugleich der Abschluss ihrer Projektzeit über bekannte Komponisten, Musikstile und Instrumente. Ideal ist es, wenn Sie mit den Kindern eine Art **Querschnitt durch die Projektzeit** zusammenstellen. So könnten Sie von den nun **bekannten Komponisten Stücke aussuchen** und daraus deren **musikalisches Thema** oder andere besonders eingängige Notenzeilen aufgreifen. Diese „Auszüge" setzen Sie zusammen und versuchen, mit den Kindern daraus eine eigene Komposition zu basteln. Das klingt komplizierter, als es ist. Wenn Sie versuchen, die Noten hintereinander zu spielen, klingt es zuerst ungewohnt. Sicher haben die Kinder Ideen, was sie dazwischen spielen möchten. Sie können die Lücken mit rhythmischen Einschüben füllen oder selbst eine Melodie ausdenken, die sie mit Instrumenten und/oder Gesang einfügen. Wichtig ist, dass die Kinder die Möglichkeit haben, sich selbst einzubringen, und nicht nur Ihren Anweisungen folgen. Daher sollten die ausgewählten **Musikstücke, Notenzeilen und Themen immer recht kurz** sein. Lieber wiederholen Sie häufiger dieselbe Melodie mit unterschiedlichen Instrumenten, in verschiedenen Geschwindigkeiten und Tonhöhen. Spannend ist es auch, wenn Sie ein **musikalisches Thema abwandeln** und die Kinder zum Beispiel einen Rap daraus machen oder es als Rock- oder Popversion adaptieren.

Jetzt sind bald auch die Gäste an der Reihe: Um die Besucher für das Musik-Fest und die folgenden Aktivitäten einzustimmen, stellen die Kinder am Ende Ihres Konzerts noch **ein weiteres musikalisches Thema** vor, welches im Zuge des Festes immer wieder aufgegriffen wird, wenn die Gäste auf ihren selbstgebauten Instrumenten spielen.

Gut zu wissen:
Ein **Thema** ist eine **Tonfolge,** die in verschiedenen Variationen während des Musikstückes **immer wiederkehrt.** Das kann man sehr gut nachvollziehen, wenn man sich zum Beispiel „Die Moldau" von Friedrich Smetana anhört.
Versuchen Sie, mit den Kindern gemeinsam, ein eigenes Thema zu entwickeln. Einfach geht das, wenn Sie **nur die ganzen Tonschritte** der Tonleiter benutzen (Fünfton-Musik = C, D, E, G, A).

Die Kinder stellen das Thema vor und erklären nun, welche „Aufgabe" die Besucher haben:
Es gibt beim Fest viele verschiedene **Stationen mit Aktivitäten.** Diese beinhalten jeweils **das Bauen und Spielen von Instrumenten.** Nachdem die Kinder während der Projektphase diverse Instrumente, Komponisten und Musikstile kennenlernen durften, ist das Fest nun die Gelegenheit, einmal alles selbst zu machen, kreativ zu werden und die eigene Musikalität zu erfahren. Mit den gebauten und gebastelten Instrumenten sollen die Besucher schließlich **das vorgestellte Thema spielen.** Am Ende des Festes führen dann alle ihr Instrument und das Musikstück in einem **gemeinsamen Abschlusskonzert** vor.
Auf dieser Seite biete ich Ihnen zwei Vorschläge für ein einfaches musikalisches Thema an. Aber natürlich können Sie sich auch ein eigenes ausdenken.
Nur Mut!

Tipp

Brennen Sie Ihr Thema auf CDs, oder speichern Sie es auf mehreren mp3-Playern mit Lautsprechern, sodass die einzelnen Gruppen es jederzeit abhören können. So fällt es ihnen leichter, dazu zu improvisieren, es zu erweitern und rhythmisch zu begleiten.

Zwei Notenvorschläge für ein einfaches musikalisches Thema:

Musikalische Aktionen

A Capella: Texten und Singen

Unser schönstes Instrument ist wohl die menschliche Stimme. Wir können damit sehr unterschiedliche Töne erzeugen, und sie bietet die Möglichkeit, sich individuell auszudrücken.

So geht es:
Die Gesang- und Text-Gruppe singt zunächst das Thema auf „na" oder „la" oder „ba", bis alle es im Ohr haben. Nun versuchen alle gemeinsam, einen Text darauf zu dichten. Da das Thema sehr kurz ist, können Sie es natürlich auch gleich noch erweitern, bis eine richtige Strophe entsteht.

Variationen:
Lustig ist es, wenn sie einen Text in einer erfundenen Lautsprache kreieren, zum Beispiel „Dong di dong di dong dong da, tipiti tipiti tipiti pa." Auch wenn es banal klingt, ist diese erfundene Sprache besonders sinnvoll für das musikalische Thema und die folgende Gruppenaufführung. Denn solch eine Textuntermalung des Themas kann beliebig weitergesponnen und eingesetzt werden.
Die Sänger und Texter können auch mehrere Gesangsstimmen für das Thema entwickeln und versuchen, einen möglichst perfekten Mehrklang zu singen. Auch ein Kanon ist möglich und klingt besonders lustig mit einem erfundenen Laut-Text.

Beatbox

Ähnlich wie bei den Sängern und Textern, kommt es hier auf die Stimme der Musiker an. Doch geht es nun nicht darum, einen Text und eine Melodie zu singen, sondern darum, Geräusche zu erzeugen, die den Beats eines Drumcomputers ähneln. Die Klänge geben einen Rhythmus vor, zu dem gesungen oder gerappt werden kann.

So geht es:
Die Besucher dieser Gruppe versuchen, mit Hilfe ihrer Hände, die sie vor den Mund halten, oder indem sie sich auf die Wangen klatschen usw., Töne zu erzeugen. Sie experimentieren mit Tönen, bis sie die gewünschte Rhythmus-Komposition daraus erstellt haben. Das kann sehr lustig werden und erfordert Mut. Denn man muss sich trauen, einfach drauflos zu tröten, summen, brummen und jaulen! Wichtig ist, dass alle den gleichen Rhythmus halten, damit es zu einem orchesterartigen Gleichklang kommt.

Tipp

Die Beatbox könnte natürlich prima die A-Capella-Gruppe begleiten und mit ihr zusammen auftreten.

Saiteninstrumente

Das brauchen Sie:

- Gummiringe, Nylonschnur (Angelschnur), Zwirn, Fäden
- Stücke aus Holz, Plastik oder Pappe
- Hohlkörper zur Klangverstärkung (Blumentöpfe, Waschmittelflaschen oder Ähnliches)
- Nägel und Schrauben, Klebeband
- Schachteln, Toilettenpapierrollen, Plastikflaschen und -dosen, ein paar Stöcke oder Äste
- Locher, Cutter, Scheren

So geht es:

Die Besucher bauen sich aus den Materialien Saiteninstrumente. Sie spannen dafür eine oder mehrere Saiten über einen Gegenstand, sodass ein Resonanzkörper vorhanden ist, der die Schwingung der Saite verstärkt. Bei einer Schuhschachtel werden an den gegenüberliegenden kurzen Seiten Löcher mit dem Locher gestanzt und Fäden angeknotet. Je fester sie gespannt sind, desto höher ist der Ton. Um einen Ast als Gitarre zu verwenden, muss man einen Steg daran anbringen. Dieser Steg kann aus einem Stück Holz, Plastik oder Pappe sein. Hauptsache, er sitzt fest am Holz, sodass die Saite darüber fest gespannt werden kann. Um den Ton zu verstärken, kann man einen Hohlkörper (siehe Materialliste) anbringen. Interessante Klänge erzeugt man mit aufgeschnittenen Waschmittelflaschen oder Getränkeflaschen.

Die Gäste sollten Zeit und verschiedenste Materialien bekommen, um möglichst viel selbst herumzuprobieren und so ihr eigenes Instrument zu kreieren. Und am Schluss sollten die Bastler ihr Instrument natürlich in einem Abschlusskonzert zum Klingen bringen und das musikalische Thema darauf interpretieren.

Trommeln

Das brauchen Sie:

- Schachteln
- diverse Kunststoffbehälter (Chipsdosen, Blumentöpfe, Waschmittelflaschen)
- Blumentöpfe aus Keramik
- Töpfe
- Holzstöcke als Schlägel (auch chinesische Ess-Stäbchen sind gut geeignet)
- Transparentpapier, Packpapier, Zellophan-Folie
- Klebeband, Bindfaden
- Scheren

So geht es:

Die Besucher dieses Standes bauen sich selbst Trommeln aus dem gewählten Material. Sie spannen Trommelfelle aus Papier oder Folie über die Behälter und befestigen sie mit Klebeband oder Bindfaden daran.

Tipp

Wenn man das Papier vorsichtig nass macht, kann man es noch straffer spannen. Doch reißt es dann auch sehr schnell!

Große Kunststoff-Flaschen, Holz- und Pappkisten können einfach so, wie sie sind, als Trommel verwendet werden. Die Musiker suchen eine Möglichkeit, das „Instrument" festzuhalten, auf den Schoß zu legen, oder sie setzen sich drauf und trommeln mit den Händen oder mit einem Holzstock. Nachdem jeder seine Trommel fertiggestellt hat, heißt es, den richtigen Rhythmus zu finden. Die Gruppe trommelt den Takt des Themas (am besten zur Audioaufnahme) und versucht, dazu zu improvisieren, bis alle sicher sind und Spaß am Weiterspielen haben.

Rasseln

Das brauchen Sie:
- verschließbare Behälter, Schachteln oder Rohre
- Papier
- Klebeband
- Kies, Sand, Nudeln, Reis, Getreidespelzen, Körner, Eicheln, Bucheckern etc.
- Bindfaden

So geht es:
Die Behälter befüllen, verschließen oder zukleben und fertig! Die Musiker üben, mit ihren Rasseln im Takt zu spielen, sodass sie das Orchester später rhythmisch unterstützen können.

Tipp
Ermuntern Sie die Kinder dazu, auf den unterschiedlichen Klang der Materialien in den Rasseln zu lauschen.

Schellen und Glocken

Das brauchen Sie:
- Filz
- Nähgarn und Nadeln
- Bänder, Bindfaden
- Glöckchen und Schellen zum Anhängen oder Annähen
- kleine Blumentöpfe aus Ton, Zweige
- Holz- oder Keramikkugeln
- Holzstöcke

So geht es:
Die Instrumentenbauer nähen Glöckchen an Filzstücke und befestigen diese an den Hand- und Fußgelenken. Sie wickeln an eine Schnur geknotete Schellen um ein Stück Holz und können damit klingeln.

Aus Tontöpfen basteln sie, wie unter der Rubrik „Einladungen" (siehe Seite 45) beschrieben, kleine und größere Glocken. Dafür knoten sie eine Kugel an ein Stück Schnur. Das andere Ende der Schnur führen sie von innen durch das Loch im Blumentopf und befestigen es außen, zum Beispiel mit einem kleinen Zweig (einfach anknoten und den Zweig quer über das Loch legen).

Tröten und Trompeten

Das brauchen Sie:
- Materialien, durch die man hindurchpusten kann und die verschiedene Durchmesser haben: Pappröhren, Wasserrohrummantelungen, Gießkannenhälse, Gartenschlauch, Eisenrohre, Flaschen, Toilettenpapierrollen usw.
- Kämme, Papier und Kleber oder Klebeband

So geht es:
Blasinstrumente findet man überall. Es ist nur gar nicht so einfach, Töne darauf zu erzeugen. Das muss eine Weile geübt werden. Je nach Mundstück und dessen Größe muss eine andere Technik angewendet werden. Dünnere Röhren bläst man am besten mit der Trompeten-Mundstellung an: Die Lippen aufeinanderpressen, wie beim Luftballonblasen, und die Luft hindurchdrücken. Größere Rohre (Didgeridoo) müssen mit Lippenflattern angeblasen werden. Man lässt die Lippen locker und den Atem mit leichtem Druck hineinfließen.

Tipp

Wer mit den Röhren keinen Ton durch Hineinblasen erzeugen kann, darf hineinsingen. Wenn man an ein Ende einer Toilettenpapierrolle ein Stück dünnes Papier locker anklebt, kann man hineinsingen und erzeugt interessante Töne.

Zusätzlich können Sie Kamm und Papier zum Kammblasen bereitlegen. Das kitzelt zwar schrecklich, ist aber einfach zu spielen und bietet ein sofortiges Erfolgserlebnis für die Musiker.

Xylofone

Das brauchen Sie:

- Holzleisten
- kleine Stöcke oder Äste
- Sägen (Pucksägen, Feinsägen)
- Nägel
- Bindfaden
- Scheren
- evtl. Bohrer und Nägel mit großen Köpfen

So geht es:

Die Musiker sägen aus dem Holz die Klangstäbe für ihr Xylofon zurecht und binden oder nageln sie auf Querstreben (zum Beispiel größere Äste). Sie müssen locker aufliegen, damit sie klingen. Am besten eignet sich Hartholz, wie z. B. Ahorn und Buche.

Tipp

Wenn man die Löcher für die Befestigung vorbohrt und dann Nägel mit großen Köpfen zur Befestigung einschlägt, können die Klangstäbe besonders gut schwingen.

Gläser und Flaschen

Das brauchen Sie:

- verschiedene Glasflaschen und Gläser
- Wasser
- Löffel oder Messer
- Holzstäbchen oder kleine Zweige

So geht es:

Die Spieler füllen Gläser und Flaschen mit Wasser und bringen sie mit einem Löffel, einem Messer oder Holzstab zum Klingen, indem sie leicht dagegenklopfen und so einen Ton erzeugen. Je nachdem, wie viel Wasser im Glas oder in der Flasche ist, klingt der Ton höher oder tiefer. Die Musiker können versuchen, die fünf Töne für das Thema mit ihren Wasserinstrumenten zu erzeugen und das Thema nachzuspielen. Anschließend versuchen sie, das Thema zu erweitern und dazu zu improvisieren.

Küchen-Instrumente

Das brauchen Sie:
- unterschiedlichste Küchen- und Haushaltsutensilien (Töpfe, Topfdeckel, Löffel, Sieb etc.)
- Sägen und andere Werkzeuge

So geht es:
In der Küche und im Haushalt findet man die unterschiedlichsten „Instrumente“: Auf Töpfe kann man schlagen, am besten mit einem Holzlöffel. Zwei Topfdeckel können wie Becken aneinandergeschlagen werden, zwei Löffel klingen klappernd im Takt. Ein Küchensieb, mit dem Löffel gerieben, gibt einen rascheligen Ton usw. Vielleicht wagt sich auch jemand an Gegenstände aus dem Werkraum: Eine singende Säge wäre sicher das Highlight des Orchesters. Die Musiker versuchen, Töne und Rhythmen zu erzeugen, um später beim Orchester ihren Teil beizusteuern.

Körper-Instrumente

Mit unseren Händen und Füßen können wir weit mehr Geräusche erzeugen als nur Klatschen und Stampfen. An diesem Aktionsstand versuchen die Besucher, verschiedenste Töne zu erzeugen, wie beispielsweise:
- Aneinanderreiben der Fingernägel,
- Aufeinanderstreichen der Handflächen,
- Aneinanderstreichen der Handrücken,
- mit „hohlen“ Händen klatschen,
- mit Fäusten klatschen,
- mit den Händen über die Oberschenkel streichen usw.

So geht es:
Nachdem sich die Besucher für einige Körper-Instrumente entschieden haben, vielleicht auch jeder Besucher für ein anderes, versuchen sie, damit das Thema zu spielen. Natürlich können sie die Melodie nicht wiedergeben, aber den Rhythmus und die Stimmung. Zur Begleitung ist es hierfür also empfehlenswert, das Thema zu singen oder eine Audioaufnahme abspielen zu lassen.

Zum Ende: ein großes Abschlusskonzert

Zu einem festgelegten Zeitpunkt treffen sich alle Gäste wieder. Sie bringen ihre Instrumente mit und versammeln sich am besten im großen Kreis oder nebeneinander in Grüppchen, von jedem Musikstand eine Gruppe. Nun kommt der große Moment:

Spielen Sie zunächst eine Aufnahme des musikalischen Themas vor, oder lassen Sie einige vorher ausgewählte Kinder das Thema spielen, sodass alle es im Ohr haben. Die Gruppen führen nun möglichst nacheinander ihre Instrumente vor und spielen das Thema damit. Es sollten keine langen Erklärungen vorangehen oder folgen, sondern die Musiker sollten alle Gelegenheit haben, nacheinander vorzuspielen. So kommt den Musikern allmählich ins Ohr, wie es klingen könnte, wenn alle gemeinsam musizieren. Nun muss ein Dirigent vorne stehen, der alles zusammenhält – das sind Sie oder jemand, der die „musikalische Leitung“ des Festes übernommen hat und sich mit dem Dirigieren im einfachsten Sinne – dem Leiten des Orchesters – etwas vertraut gemacht hat.

Die Gruppen halten nun alle ihr Instrument bereit. Am besten beginnt eine Gruppe, die die Melodie, also die Töne des Themas, wiedergeben kann. Nach und nach steigen die anderen Gruppen ein. Natürlich können Sie auch mit einer Rhythmusgruppe anfangen, ganz wie es für Ihre Ohren und Ihr Gefühl geeignet ist.

Nach dem Abschlusskonzert sollte noch die Möglichkeit bestehen, die Instrumente zu bestaunen. Planen Sie daher noch etwas Zeit ein, bevor es ans Aufräumen geht.

Ein Blick zurück: erlebt, gelernt, dokumentiert

Sorgen Sie dafür, dass Sie das Schlusskonzert aufnehmen können. Eine **Audio- oder Videoaufnahme** ist eine wunderbare Erinnerung und ein Aufhänger für weitere Musikprojekte.

Sie können das **Video des Abschlusskonzerts** auch benutzen (mit Einverständnis der Teilnehmer), um **Öffentlichkeitsarbeit** zu leisten, zum Beispiel um Sponsoren für das nächste Fest zu gewinnen.

Vielleicht können die **Instrumente,** die während des Festes entstanden sind, auch noch eine Woche in der Kita **ausgestellt** werden (vorher mit Namen des Erbauers versehen).

Natürlich sollte die Musik auch weiterhin jederzeit eine Rolle im Kita-Alltag spielen. Stellen Sie daher verschiedene Instrumente, aber auch Material zur Verfügung, damit die Kinder selbst Instrumente bauen können, wie sie es in der Projektzeit und auf dem Fest gelernt haben.

Sprechreize, Sprachanreize – ein Wörter-Fest

Warum ein Wörter-Fest?

Ein Wörter-Fest zu veranstalten, setzt voraus, dass die Kinder sich bereits mit Wörtern beschäftigt haben. Der Begriff „Wörter" dient hier lediglich als Ankerwort für die Themen **Sprache und Literacy.** Genauso gut können Sie aber auch ein ABC-Fest, Buchstaben-Fest oder Bücher-Fest veranstalten, ganz nach Ihren Schwerpunkten und dem Verständnis der Kinder. Allerdings suggerieren Begriffe wie „ABC" und „Buchstaben" bereits ein großes Interesse an schulischem Lernen, also am Lesen und Schreiben. Da das in diesem Ausmaß im Kindergarten so aber nicht gemeint ist, sollte der Fest-Name etwas mehr umschreibend gewählt werden. Damit beziehen Sie alle sprachlichen Aktivitäten ein, die schließlich eine Vorstufe und Basis des Lesen- und Schreibenlernens sind.

Sprachkompetenz ist eines der wichtigsten Lernziele in der Frühpädagogik. Über die Sprache finden wir Zugang zu neuem Wissen, aber auch zu unserem sozialen Umfeld. Sprache lernen Kinder durch (gute) Vorbilder, durch viele **Sprechanlässe** und natürlich über unterschiedliche **sinnliche Erlebnisse.** Das **Vorlesen und Erzählen** von Geschichten verbindet, schafft Nähe, körperliches Wohlbefinden, Hörerlebnisse, **Konzentration** und **Gemeinschaftsgefühl** miteinander. Das stärkt das **Selbstwertgefühl** der Kinder, was wiederum das Sprechenlernen unterstützt.

Der **Umgang mit verschiedenen Printmedien,** wie Büchern, Zeitungen, Bildkarten (mit Symbolen, Bildern und Aufschriften, Zahlen und Buchstaben), Gebrauchsanleitungen, Notizzetteln usw., entfacht bei Kindern früh die Neugier und das Interesse, deren Bedeutung zu verstehen.

Ein Projekt zum Bereich „Sprache und Literacy" kann als Ziel haben, eigene **Geschichten zu erfinden** und diese in **Buchform** zu fassen. Dabei finden die Kinder **spielerisch** einen Zugang zur Sprache und dem gedruckten Wort.
Auch lassen sie sich bei Entspannungsübungen auf **Fantasiereisen** entführen und stampfen zu Sprechgesängen wie die Trampeltiere durch den Raum. So steht die Sprache immer auch in engem Zusammenhang mit **Bewegung,** Körpergefühl, körperlichem Wohlbefinden und Entspannung.
Außerdem wird bei einem Erzählprojekt viel **aus verschiedenen Büchern vorgelesen,** und die Kinder erzählen ihre Versionen von Geschichten zu Bildern in Büchern, auf Karten oder in Museen. Auch Bildkarten bieten **Anreize zum Erzählen,** ebenso wie Geräusche, Klänge, Musik, Gerüche und Gefühle.

Bei einem abschließenden Fest ist nun Gelegenheit, die eigenen **Geschichten(-bücher)** zu **präsentieren.** In welcher Form das passiert, hängt von den Kindern ab. Manch ein Kind möchte sich vor das Publikum setzen oder stellen und seine Geschichte erzählen. Dazu können die Buchseiten zum Beispiel mit Hilfe eines Beamers (Seiten einscannen oder abfotografieren) auf eine Leinwand projiziert werden. Andere Kinder zeigen gerne ihr Buch in einer Art Ausstellung und beantworten bereitwillig die Fragen der Eltern. Aber es gibt auch Kinder, die ihre Geschichten nicht über den geschützten Rahmen der Gruppe bzw. der Familie hinaustragen wollen und sich scheuen, im Mittelpunkt zu stehen. Auch das sollten Sie unbedingt respektieren.

Zur Planung und Vorbereitung

Räumlichkeiten und Material

Die Lesungen der Kinder und/oder eines professionellen Autors finden am besten in einem **Gruppenraum** oder einem **größeren Bewegungsraum** statt. Sorgen Sie für **bequeme Sitzgelegenheiten,** wie Matten und Polster. Legen Sie auch Decken dazu, das macht es noch gemütlicher. Der Autor bekommt ein **Stehpult** oder einen **bequemen Stuhl** bzw. einen Sessel, evtl. mit einem kleinen Tisch davor oder daneben. Wichtig ist **gutes Licht** für den erwachsenen Leser.
Für die Stände sind nicht immer **Stühle** und **Tische** nötig. Viel gemütlicher sind ausgebreitete Decken im Freien. Wenn Sie in den Räumen der Kita feiern, verteilen Sie die geräuschintensiveren Angebote so, dass sich die Gruppen nicht gegenseitig stören. Bedenken Sie aber, dass auch ältere Menschen, Eltern mit Rückenproblemen oder Gehbehinderte teilnehmen möchten. Daher sollten überall ein paar Sitzgelegenheiten bereitstehen (Klappstühle oder Bierbänke).

Für das gemeinsame Essen und gemütliche Beisammensein stellen Sie **Biertisch-Garnituren** oder andere Tische und Stühle auf, sodass von mindestens zwei Seiten ein Zugang möglich ist. Damit gewährleisten Sie, dass die Besucher auch entspannt sitzen können, wenn jemand zwischendurch weiter an den Angeboten teilnehmen möchte.

Als **Material für die Fest-Aktivitäten** und die Gestaltung benötigen Sie in erster Linie **Papier** und **Stifte.** Genaues dazu finden Sie unter dem Punkt „Spiele und Aktionen“ ab Seite 57 konkret für jedes Angebot. Sinnvoll ist es, einen **Fotoapparat** und eine **Videokamera** bereitzuhalten. Auch Audioaufnahmen bieten sich an, denn bei einem Wörter-Fest wird sehr viel gesprochen.

Speisen und Getränke

Wie es bei Kita-Festen üblich ist, gibt es die Speisen und Getränke in Form eines **Buffets.** Das Wörter-Fest erfordert nicht zwingend die aktive Teilnahme aller Eltern an den Angeboten. So ist es möglich, einen **Grill** aufzustellen und (mitgebrachtes) Fleisch, Gemüse und Fisch zu grillen. Um dem Fest-Motto auch ein paar Speisen entgegenzusetzen, können Sie die folgenden **Anregungen an die Köche** (Eltern und Kinder) weitergeben:

- Esspapier, beschriftet oder mit Zeichnungen aus Zuckerguss versehen,
- Salat aus Buchstabennudeln,
- Buchstaben aus süßem oder salzigem Hefeteig,
- Kuchen mit einer Schrift aus Baiser oder Zuckerguss.

Stellen Sie **Schilder auf das Buffet,** die zeigen, um welche Speisen es sich handelt. Es können Wörter und Bilder darauf sein, sodass auch die Kinder „lesen“ können, was da im Nudelsalat enthalten ist oder womit die Pizza belegt wurde.

Gestalten Sie mit den Kindern im Vorfeld **Trinkbecher mit Namen.** Für Porzellan gibt es spezielle Farben und Stifte, die sich im Backofen einbrennen lassen.

Dekoration und Atmosphäre

Wände schmücken Sie mit den **Bildern der Kinder,** die während der Projektzeit entstanden sind. So können Sie eine richtige Ausstellung arrangieren. Fügen Sie **Hinweise zur Entstehungsgeschichte** der Bilder und **Hintergrundinfos zu Techniken** hinzu.

Nehmen Sie die **Stimmen der Kinder** auf. Lassen Sie sie etwas erzählen, Gedichte oder Fingerspiele aufsagen, singen, Gegenstände des Raumes aufzählen oder ihre Namen aufsagen. Spielen Sie diese **Aufnahme** leise ab, während die Besucher die Ausstellung betrachten, um unter dem Fest-Motto „Wörter“ gleich mehrere Sinne anzusprechen.
Aus Papier basteln die Kinder einfache **Buchstaben-**

Girlanden, indem sie buntes, dünnes Papier in lange Streifen (ca. 5 bis 10 cm breit) schneiden und mehrmals falten, danach Buchstaben aufzeichnen und so ausschneiden, dass rechts und links, also an den Falzkanten, noch etwas stehen bleibt. Nach dem Auffalten sollten mehrere Buchstaben aufgereiht nebeneinanderstehen. Kleben Sie viele solcher Streifen aneinander. Gut eignen sich Buchstaben wie H, M, N, U, Z.
Hängen Sie schöne **Schnüre zwischen Bäume,** Schirmständer oder Wände in der Kita. Drucken Sie die Namen der Kinder mit Kartoffelstempeln auf **Seidenpapierstreifen,** und hängen Sie sie an die Leinen. Zum Befestigen knicken Sie den Rand um und tackern das Papier aneinander fest. Wenn Sie am anderen Ende ein paar Fransen ins Papier schneiden, sieht es noch schöner aus.

Personal und Zuständigkeiten

Die **Aktivitäten-Stände** benötigen jeweils einen **Betreuer.** Das können neben dem Kita-Personal auch Eltern sein. Sie müssen sich vorher mit dem Spiel oder Angebot vertraut machen, um es mit entsprechender Freude und Selbstverständlichkeit vermitteln zu können. Für einige **Bereiche** sollten Sie **eigene Mitarbeiter** einplanen:

- **Sicherheit und Hygiene** (Erste-Hilfe-Ausrüstung prüfen und bereithalten, Toiletten und Waschräume kontrollieren, Müllentsorgung),
- **Speisen, Getränke** und **Grill** (hier als Ansprechpartner, wenn etwas fehlt oder Hilfe benötigt wird),
- **Fotos, Filme** und **Audioaufnahmen,**
- **Ausstellung** und **Autorenlesung,**
- **Koordination** des Ablaufs und der Angebote sowie öffentliche **Ansagen** (zum Beispiel Begrüßung, Eröffnung des Buffets).

Bitten Sie zudem zwei **Elternteile,** das **Grillen,** mit allem, was dazugehört, zu übernehmen. Der Ansprechpartner aus dem Kita-Team sorgt dafür, dass Absprachen eingehalten werden und alles gut klappt.

Öffentlichkeitsarbeit

Wenn die Kinder dazu bereit sind, bieten Sie an, eine **„Kinderlesung"** für Außenstehende in der Kita oder der **örtlichen Bücherei** zu veranstalten. Oder stellen Sie die Werke und die Dokumentation auch der Öffentlichkeit zur Verfügung. Sorgen Sie dafür, dass jemand von der **örtlichen Presse** zum Fest eingeladen wird, um für die Kita zu werben. So können Sie sich in der Öffentlichkeit positiv darstellen. Ein Wörter-Fest ist durchaus auch ein guter Ausgangspunkt für **Networking** in eigener Sache: Vielleicht laden Sie **Lehrer aus der benachbarten Grundschule** ein, mit der Sie ohnehin im Hinblick auf das Thema „Übergang" stärker kooperieren möchten. Hier ergibt sich sicher eine Möglichkeit zum angeregten Austausch. Oder Sie haben das Glück, bald auch noch eine **externe Sprachförderkraft** in Ihrer Kita begrüßen zu dürfen? Dann sollte diese Kollegin auch ein willkommener Gast auf Ihrem Fest sein.

Finanzierung

Speisen und Getränke können direkt **verkauft** werden. Oder Sie stellen ein **Spenden-Schwein** auf und bitten um einen Unkostenbeitrag.

Falls Sie einen **Autor** einladen, der für die Kinder liest, müssen Sie mit weiteren Kosten rechnen (das **Honorar** variiert etwa zwischen 150 und 300 Euro). Am besten erkundigen Sie sich direkt bei den Autoren nach ihren Konditionen. Versuchen Sie, den Kindern die Lesung über die Spielgeldkasse zu ermöglichen, oder fragen Sie im **Rathaus** nach, ob es einen **Kulturförder-Topf** gibt, der solch ein „Bildungs-Geschenk" an die Kinder finanziert. Selbstverständlich erwähnen Sie im Gegenzug schon bei der Einladung, wer der freundliche Spender war:
„Die Überraschung für die Kinder ermöglicht ...
Vielen Dank dafür!"
Vielleicht können Sie hier auch mit der örtlichen **Bücherei** kooperieren: Fragen Sie bei den Mitarbeitern der Bücherei nach, ob sie Ihnen einen Vorleser vermitteln können. Oft kooperieren Büchereien mit engagierten Studenten oder Abiturienten, die eine Vorlesestunde weitaus günstiger anbieten als ein richtiger Autor.

Ablauforganisation im Team

Das Projekt zum Thema Literacy kann mehrere Wochen dauern. Dabei werden sich sowohl bei den Kindern als auch bei den **Pädagoginnen** bestimmte **Interessensschwerpunkte** abzeichnen. Teilen Sie sich auch für das Fest nach diesen Interessensgebieten ein, und bieten Sie so Aktivitäten an, die von der Leidenschaft der Betreuer geprägt sind.

Damit die Beschäftigung mit Buchstaben, Wörtern und Büchern beim Fest nicht zu trocken wird, sollten Sie **Bewegungsmöglichkeiten** einplanen. In erster Linie brauchen Sie Platz, damit vor allem die Kinder herumlaufen können. Aber auch die Angebote selbst können „bewegt" sein. Dichten kann man gut, wenn man gleichzeitig Seil springt, Geschichten lassen sich besser weiterspinnen, wenn man sich dabei einen Ball zuwirft usw.

Einladungen

Schenken Sie den Eltern **ein kleines Buch.** Drucken Sie die Einladungen so aus, dass Sie das **DIN-A4-Papier mehrmals falten** können, bis die Seiten richtig übereinanderliegen. Achten Sie auf einen etwa 1 cm breiten Rand links. Schneiden Sie ein Tonpapier doppelt so groß wie die Seiten aus, und falten Sie es in der Mitte. Legen Sie die Seiten hinein, und tackern Sie links alles zusammen. Jetzt schneiden Sie mit einem Cutter oder Obstmesser die Falze an den Seiten auf.

Ist Ihnen das Faltspiel für das Buch zu kompliziert, können Sie den **Text** auch auf einer DIN-A4-Seite in einzelne **Felder** verteilen (**Tabelle** mit entsprechend großen Feldern erstellen) und der Anzahl der Kinder entsprechend ausdrucken. **Schneiden Sie die einzelnen Seiten zu,** legen Sie den Umschlag darum (s. o.), und tackern Sie die Seiten mit dem Umschlag darum herum fest. Vorne schreibt jedes Kind seinen Namen darauf – so wie es das selbst für schön und richtig empfindet.

Spiele und Aktionen

Autorenlesung oder Vorlesestunde

In einer gemütlichen Vorleserunde lesen bzw. erzählen die Kinder aus ihren selbstgemachten Büchern die Geschichten, die im Projekt entstanden sind.

Oder Sie laden einen professionellen Autor oder Vorleser ein, der für die Kinder liest.

Wörterpuzzle

Das brauchen Sie:
- Papier oder Pappkarten
- Pinnwand und Pinnwandnadeln
- Stifte
- Videokamera

So geht es:
Jeder Gast bringt ein Wort, auf Papier geschrieben, mit. Daraus erfindet eine Gruppe eine Geschichte, die sie gegen Ende des Festes allen vorliest.

Diese Wörter können Sie auch auf Karten schreiben und an eine Pinnwand heften. Nun kann jeder (die Kinder mit Hilfe der Eltern) diese Wörter neu arrangieren. So entstehen immer neue Zusammenhänge, Sätze und Geschichten.

Jeder Besucher sagt beim Ankommen sein Wort in die Kamera. Daraus schneidet ein technisch versierter Mensch einen Film zusammen. Diesen Film zeigen Sie am Ende, oder er wird erst im Nachhinein geschnitten und allen Kindern dann später geschenkt.

Märchenerzähler

Das brauchen Sie:
- Tücher
- Pavillon oder Weidentipi
- Matten, Felle, Kissen
- Tafel und Kreide

So geht es:
Bauen Sie ein Zelt aus Tüchern auf, oder nutzen Sie einen Pavillon, ein Weidentipi oder Ähnliches. Legen Sie Matten, Felle, Kissen usw. auf den Boden. Stellen Sie eine Tafel draußen auf, und schreiben Sie darauf, wann wieder „Märchenstunde" ist. Eine Erzieherin oder ein Elternteil erzählt den Kindern (und Erwachsenen) Märchen oder andere spannende, fantastische und einfach schöne Geschichten.

Comics

Das brauchen Sie:
- Papier
- Lineale
- verschiedene Stifte
- Pauspapier (Kohlepapier und transparentes Papier)
- kurze Geschichten oder Bilderbücher sowie Comics

So geht es:
Jeder überlegt sich eine kurze Geschichte und zeichnet seinen eigenen Comic. Die Comics benötigen Sprechblasen, verschiedene Blickwinkel und interessante Figuren. Zeigen Sie einige verschiedene Comics als Anregung, vor allem für jüngere Besucher.

Papier schöpfen

Das brauchen Sie:
- Papierbrei aus Zeitungspapier (schon vorbereitet, siehe Anleitung unten)
- Sieb (Bilderrahmen mit Gitternetz oder festem, feinen Pollen- oder Fliegennetz bespannt)
- große, flache Wanne (wenn Sie Farben verwenden, sollten Sie mehrere Wannen und Siebe zur Verfügung stellen)
- Farben (Acryl-, Tempera- oder Dispersionsfarbe)
- Tücher (Filz, Stoffe, Fleece)
- Zeitungspapier
- Bücher oder Ähnliches zum Beschweren
- feste Walzen oder Glasflaschen

Anleitung für den Zeitungspapierbrei:
Die Zeitungsschnipsel ein bis zwei Tage in Wasser einweichen. Zwischendurch mit einem Sieb herausnehmen und das schmutzige Wasser ausquetschen. So geht etwas Druckerschwärze weg. Zeitungspapierbrei in einem Behälter mit Wasser feucht aufbewahren, damit er weiterverarbeitet werden kann.

So geht es:
Das Papier sollte sich so aufgelöst haben, dass ein flüssiger Papierbrei entstanden ist. Dieser „schwimmt" im Wasser. Wollen Sie farbiges Papier herstellen, geben Sie dem Wasser bzw. Brei etwas Farbe hinzu. Es ist also sinnvoll, mehrere Wannen dafür zu verwenden, damit auch mehrere Farbpapiere geschöpft werden können. Die Besucher ziehen das Sieb durch das Wasser und heben so den Papierbrei nach oben. Dabei achten sie darauf, dass sich der Brei gleichmäßig dünn auf dem Sieb verteilt. Das Gitter des Siebes ist dabei oben, der Rahmen unten, sodass kein Rand um das Papier herum ist. Nun drücken sie den Brei mit dem Sieb vorsichtig auf ein Stück Filz oder Stoff, das auf ebenem Untergrund liegt. Jetzt wird das Sieb abgehoben, ganz langsam. Nun bekommt das Papier noch eine Filzschicht oben aufgelegt und wird mit der Walze oder einer Flasche etwas ausgedrückt. Etwas Zeitung darunter und darüber saugt die Feuchtigkeit weg. Legen Sie ein paar schwere Bücher oder Ähnliches darauf, damit das Papier schön flach wird. Nach einiger Zeit kann es auch an der Luft weitertrocknen.

Stempel

Das brauchen Sie:
- Kartoffeln, alte Radiergummis, Korken, Bindfaden, Holzklötze, Plastikflaschen, Kerzen
- spitze Messer, Scheren, Cutter
- Alleskleber oder Superkleber
- Wasserfarbe, Wasser
- Schwammtücher, flache Schalen
- Pinsel, Papier, Bleistifte und Kugelschreiber

So geht es:
Die Besucher zeichnen ihr gewünschtes Motiv bzw. die gewählten Buchstaben auf Korken, Radiergummis oder einen Kerzenboden auf und schneiden die Konturen vorsichtig mit einem Messer aus. Auch aus Kartoffeln können interessante Stempel geschnitten werden. Mit Bindfäden lassen sich Motive legen, zum Beispiel unter den Boden einer Plastikflasche. Den Faden schneiden Sie ab und kleben ihn mit Alleskleber oder Superkleber an. Als Stempelkissen legen Sie Schwammtücher (alternativ können Sie mehrere Lagen Küchenpapier benutzen) in eine flache Schale und geben etwas Wasser dazu. Nun tropfen Sie die Farbe darauf und drücken den Stempel in das selbstgemachte Stempelkissen.

Federhalter

Das brauchen Sie:
- Schilfrohr, Federn
- Cutter, Rasierklinge
- Tinte oder Tusche (auch selbstgemachte dünne Pflanzenfarbe ist geeignet)

So geht es:
Schneiden Sie das Material so schräg ab, dass eine Spitze entsteht, und schnitzen Sie diese evtl. noch nach Wunsch in Form. Wenn die Tinte noch nicht genug fließt und das Schreiben nicht recht funktioniert, können Sie noch einen Schlitz in die Spitze schneiden. Dafür benötigen Sie einen sehr scharfen Cutter oder besser eine Rasierklinge. Schlitzen Sie die Spitze etwa 5 mm tief ein. Nun federt die Spitze leicht, und die Tinte kann besser abfließen und sich entsprechend verteilen.

Pinsel

Das brauchen Sie:
- Holzstäbe oder kleine Zweige
- Gräser, Blüten, Blätter, Moos
- Bindfaden, Klebeband (Malerkrepp)
- Papier und Schulmalfarben
- Wasser

So geht es:
Zunächst sammeln die Besucher selbst Material draußen im Garten oder am nächsten Feldrand. Wenn das nicht möglich ist, müssen Sie das Material vorher sammeln und zur Verfügung stellen. Jeder sucht sich etwas aus und bindet es in Büscheln zusammen und an einem Stock fest. Das Ausprobieren mit Farben macht besonderen Spaß. Dabei werden die Pinselkreationen stets weiter perfektioniert. Vielleicht möchten die Kinder ein Gemeinschaftsbild anfertigen, auf dem die verschiedenen Pinsel ihre Spuren hinterlassen.

ABC-Geschichten

Gut zu wissen:
Das Erfinden von einfachen Geschichten geht am besten beim Spazierengehen. Dieses Spiel kann also genutzt werden, wenn zum Beispiel aufgeräumt wird oder die Gruppe zum nächsten Stand wandert. Aber auch im Sitzen, gemütlich im Kreis, kann gespielt werden.

So geht es:
Die Spieler versuchen, eine Geschichte zu erfinden, deren Satzanfänge die Buchstaben des Alphabets der Reihe nach enthalten. Der erste Satz der Geschichte beginnt mit A, der zweite mit B usw.: *Am Montag gehe ich in den Zoo. Bei den Tigern mache ich erst mal Brotzeit. Christian kommt auch mit. Das freut mich sehr ...*

Wörterkette

Das brauchen Sie:
- Ball

So geht es:
Die Besucher stellen sich im Kreis auf. Einer fängt an, indem er ein zusammengesetztes Wort nennt, zum Beispiel *Apfelbaum*. Er wirft den Ball einem anderen Besucher zu. Dieser fängt ihn und fügt nun dem zweiten Teil des Wortes ein neues Namenwort hinzu: *Baumkrone*. Er wirft den Ball einem anderen zu, und dieser fährt so fort. Manchmal ist es unmöglich, reale Wörter zu konstruieren, dann dürfen auch fantasievolle Wortschöpfungen ausgedacht werden.

Variation:
Um das Spiel noch bewegter zu machen, können Sie die Regeln erweitern. Lässt jemand den Ball fallen, muss er den Platz des Werfers einnehmen. Das heißt, er rennt einmal um den Kreis herum und versucht, sich auf den Platz des anderen zu stellen. Dieser darf aber inzwischen durch den Kreis mitten hindurch laufen und den Platz des Fängers einnehmen. Wer schneller ist, darf das nächste Wort sagen.

Ein-Buchstaben-Satz

Gut zu wissen:
Dieses Spiel eignet sich prima für zwischendurch oder während des Essens.

So geht es:
Ziel ist es, Sätze zu bilden, in denen jedes Wort mit demselben Buchstaben beginnt: *Abends arbeitet Aron am Auto, aber Anna albert abendlich aktiv.* Oder: *Eselin Elfie erbt erdbeerfarbene Erbswürste.*

Reimereien

Reimen macht Spaß, regt die Fantasie an und schult zugleich die phonologische Bewusstheit.

Reim-Sprache:

In diesem Spiel müssen Namenwörter gereimt werden. Quatschreime sind dabei ausdrücklich erwünscht. Zum Beispiel: *Hallo Marie-Klarie, du hast ein schönes Kleid-Beid an. Gehst du mit zum Basteln-Asteln?*

Tipp

Die Kinder verstehen den Begriff „Namenwort", wenn Sie ihnen sagen, das alle „Sachen" oder „Personen" gereimt werden sollen.

Reim-Karten

Das brauchen Sie:

- Zeitschriften, Kataloge
- quadratische Karten
- Schere
- Klebstift

So geht es:

Stellen Sie viele Zeitschriften und Kataloge mit Bildern und einfache quadratische Karten zur Verfügung. Die Kinder suchen nun nach Bildern, die sich reimen, und kleben die Reimwörter jeweils auf eine Karte. Daraus kann ein Memo-Spiel entstehen. Die Kinder legen die Karten aus und suchen die Partnerkarte – also den Reim zum Bild.

Zum Weitermachen: Gedichte und Raps

Die Kinder nutzen die gebastelten Bildkarten, um Gedichte oder Raps daraus zu bilden. Sie ziehen einige Karten (Anzahl vorher festlegen) und sortieren sie in der für sie passenden Reihenfolge. Daraus dichten sie eine sich reimende Geschichte. Zum Beispiel: *Heute sah ich eine Kuh, die hatte zwei verschiedene Schuh.*

Tinte herstellen

Das brauchen Sie:

- Beeren, Rote Beete
- Gras und andere grüne Pflanzen
- Blüten (zum Beispiel Löwenzahn)
- Kochplatte oder Gaskocher bzw. Herd
- kleine Töpfe, Kochlöffel
- Siebe
- Pinsel oder/und Zeichenfedern
- Papier
- Gläser für die fertige Tinte
- Wasser

So geht es:

Aus Pflanzen lässt sich Tinte herstellen. Dafür müssen die Pflanzen eingeweicht oder auch eingekocht werden. So löst sich die Farbe aus der Pflanze und geht ins Wasser über. Wenn Sie mit einem Kocher hantieren, sorgen Sie dafür, dass er sicher steht und die Töpfe nicht umfallen können. Für jeden Farbton benutzen sie einen eigenen Topf. Gelb kann aus Löwenzahn gewonnen werden, ohne die Blüten zu kochen. Hier reicht es, zu reiben und zu wässern. Nach dem Kochen oder einweichen drücken Sie die Pflanzen durch ein Sieb und fangen die Farbe, also das gefärbte Wasser, auf. Jetzt kann damit gemalt und geschrieben werden.

Sprachfehler

Das brauchen Sie:

- Gegenstände zum In-den-Mund-Nehmen (zum Beispiel Zahnbürsten)
- Bildkarten (zum Beispiel aus einem Memo-Spiel, siehe oben „Reimereien")

So geht es:

Ein Spieler muss etwas im Mund halten und dabei möglichst deutlich sprechen. Er versucht, zu benennen, was auf der von ihm gezogenen Bildkarte zu sehen ist. Die anderen müssen es erraten. Wenn Sie sechs Teile finden, die der Spieler in den Mund nehmen kann, basteln Sie vor dem Fest einen Würfel. Darauf bilden Sie die sechs Gegenstände ab. Der Spieler muss würfeln, und so entscheidet sich, was er in den Mund nehmen soll. Übrigens: Wer so viel lacht, dass er gar nicht mehr sprechen kann, darf Pause machen!

Variation:

Noch schwieriger wird es, wenn der Spieler den Gegenstand nicht benennt, sondern nur beschreiben oder umschreiben darf.

Mein Tag als ...

Das brauchen Sie:

- Bildkarten, auf denen Alltagsgegenstände abgebildet sind

So geht es:

Bei diesem Spiel erzählt jeweils ein Spieler der Gruppe von seinem Tag als *Autoreifen, Kerzenständer, Haarreif, Wollfaden* usw. Wenn Sie vorher die Begriffe auf Karten schreiben oder Bilder verwenden, ist es für die Spieler einfacher.

Variation:

Das Spiel kann auch als Ratespiel abgewandelt werden. Hier wissen die anderen nicht, was der Spieler an diesem Tag war, sie erraten es anhand der Beschreibungen: *„Ich stand im Regal und sah herab auf die Kinder. Es war sehr langweilig. Manchmal musste ich niesen, weil ich so staubig war. Da hörte ich, wie jemand auf mich zukam und spürte auf einmal eine große Hand um mich herum. Jemand nahm mich vom Regal ..."* (Ein Buch)

Paare finden

Das brauchen Sie:

- Karten mit Buchstaben
- Karten mit Bildern, die eindeutig einem Anfangsbuchstaben zuzuordnen sind (Apfel, Affe, Giraffe usw.)

So geht es:

Die Gruppe teilt sich in zwei Hälften und stellt sich gegenüber auf. Jeder Spieler erhält eine Karte. Die der einen Gruppe bekommen Buchstaben, die der zweiten Gruppe bekommen Bildkarten. Auf ein Zeichen müssen sich die Paare zusammenfinden. Sie laufen herum und rufen ihre Buchstaben bzw. Begriffe, zum Beispiel *A* und *Ameise*. Wer sich gefunden hat, geht an den Rand und gibt die Karten wieder ab.

Verbotene Wörter

Das brauchen Sie:
- Wörter auf Karten geschrieben bzw. gemalt
- Themen für Geschichten als Anregung, z.B. „Mein Besuch auf dem Bauernhof"

So geht es:
An diesem Stand sitzen die Besucher zusammen, und jeweils eine Person soll eine Geschichte zu einem Thema erzählen oder Fragen der anderen beantworten. Dabei darf sie aber bestimmte Wörter (nämlich die Wörter auf den ausgewählten Karten) nicht verwenden. Je jünger die Kinder, desto einfacher das Wort, das nicht verwendet werden darf.

Variation:
Damit es spannender wird, muss der Erzähler jeweils ein Pfand hergeben, wenn er das Wort versehentlich doch sagt. Hat er dreimal ein verbotenes Wort gesagt, ist das Spiel zu Ende, und ein anderer ist als Erzähler dran. Um die Pfande wieder auszulösen, müssen die Spieler irgendwelche lustigen Dinge tun, die sich die Gruppe gemeinsam überlegt. Sie können als Anregung eine Liste erstellen.

Sachen suchen

Ein aktives Spiel mit etwas mehr Bewegung ist das Sachen-Suchen nach bestimmten Anfangsbuchstaben.

Das brauchen Sie:
- Buchstaben auf Karten
- Regal
- Knete
- Papier und Stifte (alternativ: Kreide oder Stöcker zum Auf-den-Boden-Zeichnen)

So geht es:
Jede Gruppe erhält ein bis fünf Buchstaben und geht los, um Sachen zu finden, deren Bezeichnung mit diesem Buchstaben anfängt. Daraus kann eine kleine Ausstellung entstehen. Stellen Sie ein Regal auf, und heften Sie Buchstaben an die einzelnen Fächer. Oder zeichnen Sie ein Gitternetz auf den Boden (mit Straßenkreide oder mit einem Stock auf Erde). Dort kann man die Sachen ablegen. Bald ist das Regal voll. Schwer ist es aber, Sachen mit *X* und *Y* zu finden. Was es in der Natur oder in der Kita nicht gibt, kann auch gemalt oder geknetet werden.

Ein Blick zurück: erlebt, gelernt, dokumentiert

Das Wörter-Fest und die Projektzeit davor bieten sich an, den **Sprachstand** der Kinder genau zu überprüfen. Beobachten Sie über die gesamte Zeit, welchen Stand die Kinder haben und wie sie sich während der Zeit **weiterentwickeln.** Formulieren Sie anschließend **Lerngeschichten** für die Kinder, um die Entwicklung zu dokumentieren und den Kindern Ihre Eindrücke zu schildern.

Nach Ihren genauen Beobachtungen können Sie in **Zukunft noch besser dort ansetzen, wo die Kinder stehen.** Das heißt, Sie können die Kinder mehr oder auch weniger fordern als bisher. Wenn Sie feststellen mussten, dass die Spiele und Aktionen viele Kinder überfordert haben, benötigen Sie noch mehr fundierte **„Basis-Qualifikationen"**, also grundlegende Spracherfahrungen, wie einfaches Sprechen von Fingerspielen, Zwiegespräche, Singen und Vorlesen. Erleben Sie aber, dass sehr viele Kinder bereits **Interesse an Buchstaben und am Schreiben** von ersten Wörtern zeigen, sollten Sie auch darauf eingehen. Ermöglichen Sie ihnen, so oft sie wollen, Buchstaben kennenzulernen, zu schreiben, zu fühlen und zu lesen. Auch das genaue Sprechen und **Lautieren** gehört dazu und ist eine wunderbare Vorübung für das erste Schuljahr.

Reflektieren Sie mit den Kindern gemeinsam, welche Ideen und Aktivitäten des Festes sie besonders intensiv wahrgenommen haben und gerne weiterführen möchten: Vielleicht möchten die Kinder öfter Pflanzenfarben und -tinte herstellen, um damit zu malen oder zu schreiben. Vielleicht haben ihnen Spiele, wie das Sachen-Suchen nach dem Alphabet besonders viel Freude gemacht, und sie möchten eine **Wechsel-Ausstellung** im Kindergarten dafür einrichten. Das könnte **ein Regal** sein, das mit den Buchstaben des Alphabets beschriftet ist. Die Kinder legen Sachen (vorwiegend Naturmaterialien oder Gegenstände aus der Kita, keine Lebensmittel) hinein. Es dürfen aber zum Beispiel immer nur drei Sachen in einem Fach liegen. Findet einer etwas Neues mit *A*, nimmt er ein anderes Teil heraus, räumt es auf oder entsorgt es und legt seines hinein. So verändert sich die Ausstellung ständig und gibt neue Anregungen.

Dieses **Regal ist auch ein guter Impulsgeber für Geschichten.** Nimmt man sich einfach ein paar der Dinge heraus, kann man sich dazu eine Geschichte ausdenken:

- Wo war der Gegenstand vorher?
- Warum sieht er genau so aus?
- Was hat der Gegenstand schon alles „erlebt"?

Forscher-Rallye und Entdeckergeist – ein Tüftel-Fest

Warum ein Tüftel-Fest?

Naturwissenschaftliche Phänomene sind Bestandteile unseres **Lebensalltags.** Meist nehmen wir sie nicht wahr bzw. nehmen sie unreflektiert als gegeben hin. Kinder, die noch ihre **Welt erkunden** und wissen wollen, warum sich etwas so verhält, wie sie es erleben, sind von Anfang an Forscher und Entdecker. Ein Projekt zum Thema **„Experimente und Forschungen"** kann diesen Antrieb verstärken. Ohnehin sollten natürlich immer Möglichkeiten zum **Ausprobieren, Erforschen, Entdecken und Erleben** vorhanden sein, denn das „Austüfteln" von **Lösungen** ist ein grundsätzliches pädagogisches Ziel, das sich in **allen Lebensbereichen** erfahren lässt. Kinder sollten ihr intuitives Nachfragen nicht bremsen müssen, Erzieherinnen sollten sie vielmehr noch darin bestärken. Und eine Forscher-Projektreihe mit einem abschließenden Tüftel-Fest ist ein willkommener Anlass hierfür.

Durch **Materialienvielfalt** statt vorgefertigten Spielzeugs und durch viele **Natur-Erlebnisse** werden Kinder an das Konstruieren und das **Finden von Lösungswegen** herangeführt und lernen, zu hinterfragen, was ihnen begegnet. Nennt man das Wissen der Menschen einen Schatz, so lässt sich sagen, dass gerade Kinder auf ständiger Schatzsuche sind. Diese können Sie für das Tüftel-Fest aufgreifen. Bei einer **Schatzsuche** bzw. **Rallye** streben die Kinder und Gäste nach Wissen und finden dabei ihren ganz persönlichen „Schatz". Die verschiedenen **Aktionen** aus diesem Fest-Vorschlag können Sie als **Stationen** Ihrer Rallye einbeziehen. Teilen Sie Ihre Gäste in **Gruppen** ein, und geben Sie ihnen einen **Plan,** welche Stationen sie durchlaufen müssen, um ans **Ziel** zu kommen. Für jede durchlaufene Station gibt es einen Hinweis aufs Ziel. Sind alle Stationen durchlaufen, haben die Teilnehmer alle Hinweise an der Hand, um das Ziel sicher zu finden.

Zur Planung und Vorbereitung

Räumlichkeiten und Material

Das Tüftel-Fest findet am besten zur **warmen Jahreszeit im Freien** statt. So können Sie die Schatzsuche oder Rallye weitläufig planen. Damit ist für ausreichend Bewegung aller Gäste gesorgt. Sie benötigen einige **Stationen,** die fest aufgebaut werden müssen. Planen Sie dafür Möglichkeiten ein, Tische, Stühle und **Material** mit dem **Auto, Fahrradanhänger** oder **Leiterwagen** zu transportieren. Müssen Sie das Fest jedoch im Haus feiern, verteilen Sie die Aktivitäten auf die **Räume,** Ecken und Flure, sodass möglichst weite Wege für die Mitspieler entstehen und sich die Menschen gut verteilen. Planen Sie einen Raum für das „gemütliche Beisammensein" nach den Aktivitäten ein.

Welches Material Sie benötigen, hängt ganz davon ab, wie groß Sie Ihr Tüftel-Fest aufziehen möchten. Im Großen und Ganzen reichen **Natur- und Alltagsmaterialien** aus, um schöne Angebote anzubieten. Für aufwändigere Angebote können Sie bei Firmen Ihrer Region nach ausrangierten Materialien fragen.

Tipp

Unter **www.remida.de** könnten Sie ebenfalls fündig werden. Das Umwelt- und Recycling-Zentrum bietet Einrichtungen für die kreative Arbeit mit Kindern einen reichen Fundus an interessanten, originellen und ungiftigen Materialien aus Industrie, Handel, Handwerk und Gewerbe. Hier fällt dann allerdings eine geringe Jahresnutzungsgebühr an.

Speisen und Getränke

Passend zum **Experimentiercharakter** des Festes kann auch bei den **Speisen** und **Getränken ausprobiert** werden. Die Kinder können fantasievolle Muffins, Kuchen und Pizzas selber backen. Beim Fest gibt es dann auch verschiedene Zutaten, die die Gäste selbst zu Essen oder Trinken mischen und anrichten, zum Beispiel:

- Sirup, Saft und Wasser,
- Eiswürfel aus Sirup, Saft und Wasser,
- Brausepulver und Wasser (Natron für die Brause),
- Fleisch- und Pflanzenbratlinge, Hamburgerbrot und diverse Zutaten, um sich selbst Hamburger zuzubereiten,
- Salate: viele verschiedene Rohkostarten, Nudeln, Kartoffeln und mehrere Soßen, die man selbst zusammenstellen kann,
- Obst: verschiedene Sorten in Stücken, evtl. auch, um sich Obstsalat anzurichten,
- Eis aus der Eismaschine,
- Joghurt mit Früchten.

Als **Gefäße** sind **Reagenzgläser, Messbecher, Karaffen** usw. besonders effektvoll. Und spannend ist es natürlich auch, wenn man den Sirup mit einer **Pipette** aufträufeln darf ... Ihrer Fantasie sind hier keine Grenzen gesetzt.

Dekoration und Atmosphäre

Die Farben für die Dekorationen sollten eher „eintönig" sein, um dem **nüchternen Charakter eines Forscherlabors** oder einer wissenschaftlichen Werkstatt gerecht zu werden. **Weiß, Silber, Blautöne** oder auch **Grüntöne** eignen sich gut. Alles sollte möglichst **steril** wirken. Die Kinder können auch **Werkzeuge** und **Forscher-Utensilien** aus Pappe basteln, anmalen und an die Wände oder zwischen Bäume gespannte Schnüre im Freien hängen. Draußen muss nur der Platz für das Essen und das Buffet geschmückt werden, da die Besucher ja für die Schatzsuche unterwegs sind. Tischdecken aus weißem Papier und Blumen in Reagenzgläsern sehen schon sehr nach Forscher-Fest aus. Die Stände sollten so markiert sein, dass man sie draußen gut sieht. Hängen Sie ruhig ein paar bunte Luftballons daran, oder sprühen Sie diese mit Silberlack ein, so passen sie dann auch wieder zum Fest-Motto.

Personal und Zuständigkeiten

Eine Person muss während des gesamten Festes **im Haus** bleiben und den **Telefondienst** übernehmen, falls etwas passiert oder auch etwas fehlt. Sinnvoll ist es, eine zweite Person hier abzustellen, die im Zweifelsfall losgehen kann, um etwas zu besorgen oder zu den Ständen zu bringen. Diese **zwei Personen** können schließlich auch die **Speisen** und **Getränke** in Ruhe **vorbereiten,** sodass ein schönes **Buffet** bereitsteht, wenn die Besucher zurückkommen.

Für die **Rallye** benötigen Sie **mehrere Personen.** Je nachdem, wie viele Helfer zur Verfügung stehen, können Sie die Anzahl der Stände variieren. Wenn Sie nur ein kleines Team sind und nur wenige Eltern zu zweit kommen, sodass ein Elternteil mithelfen kann, müssen eben mehrere Aktivitäten an einem Stand stattfinden. Fragen Sie im Zweifelsfall im **Seniorenclub** oder im **Jugendclub,** ob jemand helfen könnte. Auch **angehende Erzieherinnen** in der Ausbildung haben manchmal Zeit und Lust, bei solch einem Fest Erfahrungen zu sammeln. Sichern Sie sich aber ab, ob die **Versicherung der Kita** auch hier haftet, wenn **fremde Personen** mithelfen!

Öffentlichkeitsarbeit

Zeigen Sie der Öffentlichkeit, was die Kinder und auch Eltern bei diesem Fest erleben und ganz nebenbei lernen. Machen Sie viele **Fotos,** und verwenden Sie einige davon für den neuen **Flyer,** sofern die abgebildeten Personen einverstanden sind.

Schreiben Sie einen **Bericht für die Internetseite** der Kita, und dokumentieren Sie ihn mit Fotos der Besucher, aber auch der gebauten und gebastelten Werke, der Tüfteleien und Forscher-Ergebnisse.

Finanzierung

Die Experimente und Aufgaben sind meist mit **Naturmaterialien** durchführbar oder mit **einfachen Dingen** zu bewerkstelligen, die **nicht viel kosten** (die Spielgeldkasse dürfte ausreichend sein). Wenn Sie weitere größere Experimente einplanen wollen und diese noch professioneller aufziehen möchten, fragen Sie doch bei einer **Firma** nach, die in einem entsprechenden Bereich produziert. Zum Beispiel können Sie bei einer Maschinen- oder Werkzeugbaufirma fragen, ob Sie **Metallteile, Bohrer, Schleifscheiben** etc. haben können. Vielleicht gibt es auch besondere Werkzeuge auszuleihen. Eine chemische Fabrik, zum Beispiel eine Arzneimittelfirma, arbeitet häufig mit **Mikroskopen.** Vielleicht stiften sie ein ausrangiertes, altes Modell für die Kita.
Es gibt in vielen Orten inzwischen spezielle Angebote für die naturwissenschaftliche Bildung der Kinder in Kindertagesstätten. Fragen Sie nach, ob es dort **Forscherausrüstungen** und **Experimentierkästen** auszuleihen gibt.
Speisen und Getränke können Sie von den Eltern jeweils bezahlen lassen. Nachdem Sie aber sonst keine größeren Ausgaben haben, wird es vermutlich genügen, nur die **Getränke zu verkaufen.** Aber vielleicht haben Sie Glück, und der örtliche Getränkemarkt möchte ein **paar Kästen Wasser** oder **Saft spendieren.**

Ablauforganisation im Team

Die Familien gehen gemeinsam bzw. finden sich so zusammen, dass **Gruppen** von mindestens **zwei Erwachsenen** und **zwei Kindern** (oder einer anderen von Ihnen gesetzten Mindestzahl) entstehen. Ziel bei der Schatzsuche oder Rallye ist es, verschiedene Aufgaben an einzelnen **Stationen** zu lösen. Für jede **Lösung** oder ausprobierte **Aktivität** gibt es ein Puzzleteil. Erst wenn die Gruppe alle **Puzzleteile** bekommen hat, kann sie auf dem Puzzle die Lösung entdecken: Das könnte dann zum Beispiel eine Zahlenkombination für ein Schloss sein, das eine Schatzkiste verschließt. Oder man sieht ein Bild von einem Ort, an dem der Schatz versteckt ist. Der Schatz ist dann ein Kuchen, eine Wassermelone, kleine Forscher-Utensilien (Lupen, Pinzetten, Pipetten) oder was immer Ihnen einfällt.
Die **Aufgaben** sollten so gestellt sein, dass vor allem die **Kinder sie lösen** können. Bauen Sie bei der Auswahl auf das **Wissen** auf, dass sich die Kinder während der **Projektzeit** angeeignet haben. Das heißt, wenn die Kinder gelernt haben, wie schwimmende Elemente beschaffen sein müssen, damit sie schwimmen können, bietet sich eine Aktivität an, bei der die Kinder ein Schiff bauen sollen.

Einladungen

Jedes Kind nimmt ein vollständiges **Puzzle, zerlegt** in seine Einzelteile, mit nach Hause. Darauf stehen die **wichtigsten Informationen zum Fest.** Sie können gegebenenfalls auch die Rückseite des Puzzles als Schreibplatz nutzen. Allerdings sollten Sie dann auf jeder der beiden Seiten mit einer anderen Farbe schreiben, damit das Puzzeln nicht so schwer wird.

Sie können die Einladung auch **auf Papier** ausdrucken und **in ein Plastik-Ei** aus einem Überraschungsei stecken. Nun schmelzen Sie Schokolade. Füllen Sie etwas Schokolade in Muffin-Backblech-Formen, und bewegen Sie das Blech etwas hin und her, damit sich die Schokolade gut verteilt. Legen Sie nun das Ei hinein, und schütten Sie vorsichtig weiter **Schokolade darüber.**
Weniger Schokoladenhülle können Sie erhalten, wenn Sie einen dünnen Zwirnsfaden zwischen die beiden Ei-Hälften klemmen und diese zusammendrücken. Jetzt können Sie das Ei an dem Faden in ein Schokobad tauchen und zum Trocknen an einen Kochlöffel hängen, der über einen Topf oder zwei andere hohe Gegenstände gelegt wird. Legen Sie etwas Backpapier unter, dann müssen Sie die Schokolade später nicht vom Tisch kratzen.

Spiele und Aktionen

Himmelsrichtungen bestimmen

So geht es:

In dieser Aktion sollen die Gäste ganz ohne Kompass die Himmelsrichtungen bestimmen. Geben Sie Ihnen hierzu ein paar Hinweise an die Hand, nach denen sie sich richten können, zum Beispiel:

- Moose und Flechten wachsen überwiegend an der Westseite von Bäumen im Wald, weil das die so genannte Wetterseite ist. Von dieser Seite kommen also überwiegend Wind und Regen, sodass die Oberfläche hier grundsätzlich feuchter ist.
- Die Sonne wandert im Laufe des Tages von Osten, wo sie „aufgeht", über den Süden (ganz oben am Himmel) nach Westen (wo sie wieder untergeht). Daran kann man recht gut die Himmelsrichtungen ablesen, wenn man etwa weiß, wie viel Uhr es ist. Morgens ist die Sonne im Osten, mittags im Süden und abends im Westen.

Für den Wetterbericht: Wind und Luftfeuchtigkeit bestimmen

Wind

Die Gruppen bauen Windzeiger und erkennen so die Windrichtung. Als Windzeiger eignen sich Windhosen, Fähnchen oder Wetterhähne.

Das brauchen Sie:

- Tüte und Stock
- Bindfaden
- Papierfahne
- Wetterhahn aus Blech

So geht es:

Für die Windhose befestigen die Gäste eine Tüte (evtl. mit Hilfe eines Bindfadens) an einem Stock, den sie dann an eine freistehende Stelle setzen (zum Beispiel in den Boden stecken), auf der der Wind ordentlich bläst. Ebenso suchen sie für Fähnchen und Wetterhahn einen geeigneten Platz.

Tipp

Höher gelegene Plätze eignen sich in der Regel besser. Hier müssen die Akteure einfach ausprobieren, wo eine geeignete Stelle für ihren Windzeiger ist.

Luftfeuchtigkeit

Die Luftfeuchtigkeit zu bestimmen, ist eigentlich gar nicht so schwer, wenn man weiß wie! Hier gebe ich Ihnen einen Vorschlag für einen Natur-Hygrometer (Messgerät für die Luftfeuchtigkeit).

Das brauchen Sie:

- Fichtenzapfen
- Brett
- ein Stück Draht oder eine Büroklammer
- Pappe
- Heißkleber oder Superkleber
- Tacker

So geht es:

Um den Natur-Hygrometer zu bauen, suchen die Spieler zunächst einen geschlossenen Fichtenzapfen (sind die Zapfen schon offen, ist das ein Indiz dafür, dass die Luftfeuchtigkeit gerade niedrig ist). Dann kleben sie den Zapfen auf ein Brett. Die Pappe kleben oder tackern sie hinten an das Brett an, sodass eine Rückwand entsteht. Sie öffnen die Büroklammer zu einem geraden Stück Draht und stechen es etwa mittig in eine „Schuppe" des Zapfens ein. (Bei geschlossenen Schuppen steht er nach oben, bei geöffneten Schuppen zeigt er fast waagerecht.) Auf der Pappe können die Kinder Symbole für feuchte und für trockene Luft anbringen. Jetzt stellt man den Zapfen an einen geschützten Ort, an dem er weder direkter Sonneneinstrahlung noch direktem Regen ausgesetzt ist. An diesem Ort kann man den Zapfen beobachten: Ist die Luftfeuchtigkeit hoch, sind seine Zapfen eher geschlossen, ist sie niedrig, sind die Zapfen offen.

Tipp

Beobachten Sie den Zapfen auch weiterhin, also nach dem Fest. Die Kinder können ihren Zapfen dann auch fotografieren und die verschiedenen Bilder anschließend vergleichen. Mutmaßen Sie doch auch einmal gemeinsam, woran das liegen könnte, dass die Zapfen bei wenig Feuchtigkeit eher offen sind, bei hoher Feuchtigkeit aber geschlossen.

Fliegende Luftballons

In dieser Aktion geht es darum, dass die Gruppen einen Ballon bzw. Zeppelin herstellen, der tatsächlich fast von ganz alleine fliegt.

Das brauchen Sie:

- Bindfaden
- verschiedenfarbige Plastiksäcke oder -beutel zur Auswahl: weiß, gelb, blau, schwarz

So geht es:

Pumpen (oder pusten) Sie die Beutel mit Luft auf. Die Akteure wählen zuerst den schwarzen Beutel und halten ihn eine Weile in die Sonne. Dafür sollte die Sonne schon kräftig scheinen und wenig (kühler) Wind wehen, weil dieser die Oberfläche des Beutels wieder abkühlen würde. Die Sonne erhitzt die Luft im schwarzen Beutel recht schnell, weil sie durch die schwarze Oberfläche eindringen kann. Warme Luft ist leichter als kalte Luft, und so steigt der „Ballon" bald nach oben. Funktioniert das mit den anderen Beuteln ebenfalls so gut?

Sachensucher

So geht es:

Die Gruppen bekommen die Aufgabe, während der gesamten Rallye bestimmte Sachen zu suchen:

- einen Ast, der ganz gerade und genau einen Meter lang ist,
- einen Stein, der genau 200 g wiegt,
- einen kugelrunden Stein,
- etwas Weiches u. v. m.

Spielen Sie mit den Besuchern im Haus, müssen natürlich andere Dinge gesucht werden:

- ein Spielzeug, das genau 200 g wiegt,
- ein Spielzeug, das genau 10 cm lang ist,
- etwas, das genauso viel wiegt wie ein Lego®-Stein mit sechs Knöpfen,
- etwas Weiches u. v. m.

Gut zu wissen:

Die Herausforderung besteht nun darin, besonders genau zu schätzen, ein gutes Augenmaß zu beweisen oder eine andere Strategie zu finden, wie sich ein möglichst passender Gegenstand ausfindig machen lässt.

Seifenblasen selber machen

Das brauchen Sie:

- Wasser
- Neutralseife
- Traubenzucker
- Tapetenkleister oder Maisstärke
- Draht, Pfeifenputzer, Wolle, Mullbinden, Plastikschnur (zum Beispiel Wäscheleine), Strohhalme
- Klebeband, Stöcke
- große Schalen und Wannen
- Schneebesen

So geht es:

Die Gruppen versuchen, möglichst große Seifenblasen herzustellen. Sie rühren die Seifenblasenflüssigkeit aus Wasser, Neutralseife, Traubenzucker und Kleister selbst an und basteln sich die Formen für die Blasenherstellung. Die Mullbinden können sie um den Draht wickeln. Durch die raue Oberfläche lassen sich leichter Blasen herstellen, weil die Lauge daran haftet, bis die Blase groß genug ist und wegfliegt.

Gut zu wissen:

Hier geht es nicht nur darum, die Seifenblasen fliegen zu lassen. Es ist auch eine Herausforderung, erst einmal eine Flüssigkeit und Pusteform herzustellen, mit der das Seifenblasenmachen auch richtig funktioniert. Die Gäste probieren aus, in welchem Verhältnis sie die Zutaten zusammenmischen müssen, damit sich daraus schöne, „stabile" Blasen pusten lassen. Wovon muss am meisten enthalten sein? Wovon darf nicht zu viel hinein? Und welche Pusteformen funktionieren am besten? Kann man auch eckige Seifenblasen pusten?

Kläranlage

Das brauchen Sie:

- Wasser, verunreinigt mit Erde, Speiseöl, Lebensmittelfarbe, Gemüsesaft, Sand- oder Erdpartikelchen etc.
- Hilfsmittel: Plastikflaschen, Tontöpfe, Kunststofftöpfe, Kaffeefilter, Siebe
- Kieselsteine
- Becher

So geht es:

Die Spieler erhalten jeweils einen Becher verunreinigten Wassers und müssen es reinigen. Für die Reinigung erhalten die Gäste einige Hilfsmittel und dürfen sonst nur Naturmaterialien verwenden. Sie bauen daraus eine Kläranlage, die zunächst mechanisch reinigt, zum Beispiel durch Sieben. Anschließend wird das Wasser mehrmals durch verschiedene Erd- und Gesteinsschichten gefiltert, bis es sauber ist.

Wichtig:

Achten Sie darauf, dass die Verunreinigungen trotzdem „umweltfreundlich" sind, also verwenden Sie Speiseöl, Lebensmittelfarben oder Gemüsesäfte, Schmutz aus Sand, Erde etc.

Wasser-Waage

Das brauchen Sie:
- Waage
- zwei Gläser, mit Wasser gefüllt
- zwei identische Holzbausteine
- evtl. Brett und Rundholz

So geht es:
Auf einer Waage mit zwei Seiten stehen rechts und links zwei identische Behälter (Gläser). Die beiden Behälter sind gleich hoch mit Wasser gefüllt. Legen Sie in das eine Glas einen kleinen schwimmfähigen Gegenstand, zum Beispiel einen kleinen Holzbaustein. Sie müssen aber noch einen zweiten, genau gleichen Holzbaustein davon haben, der genauso groß und schwer ist. Diesen legen Sie in das Glas auf der anderen Seite. Die Aufgabe der Spieler ist es nun, einzuschätzen, was passiert, wenn sie den Holzbaustein im einen Glas vorsichtig herunterdrücken. Wird die Waage dann ausgleichen, oder ist das Glas dann sogar schwerer?

Gut zu wissen:
Das Gewicht nimmt zu, sobald der Gegenstand im Wasser heruntergedrückt wird. Und zwar nimmt das Gewicht um genau so viel zu, wie das verdrängte Wasser wiegt. Es ist so, als ob das verdrängte Wasser ein zusätzliches Gewicht beisteuert.

Tipp
Wenn Sie keine Waage haben, nehmen Sie ein Brett, legen ein Rundholz darunter und stellen sich so Ihre eigene Waage her.

Pfeffer und Salz trennen

Das brauchen Sie:
- Pfeffer und Salz
- Luftballons
- Stoffstücke als Reibefläche (zum Beispiel die eigene Hose)

So geht es:
Eine Mischung aus grobem Salz und gemahlenem Pfeffer wird auf eine Unterlage gestreut. Aufgabe ist es nun, beides voneinander zu trennen. Dazu nehmen die Akteure einen aufgeblasenen Lufballon und reiben ihn kräftig an ihrem Hosenbein. Dadurch lädt sich der Ballon elektrisch auf. Jetzt führen Sie den Ballon über das Pfeffer-Salz-Gemisch: Die leichten Pfefferkörner werden vom Ballon magnetisch angezogen, die schweren Salzkörner bleiben liegen.

Magnetismus

Bieten Sie einen Stand mit verschiedenen Magneten an. Hier können die Kinder ausprobieren, wie Magnete wirken. Ideal ist es, wenn Sie auch ein Set Spielmagnete haben, die wie ein Steckspiel aneinandergebaut werden können. Im Folgenden gebe ich Ihnen ein paar Vorschläge an die Hand, welche Aktivitäten sich mit Magneten anbieten:

Eisenbilder

Das brauchen Sie:
- Magnete
- Teller
- Eisenpulver oder kleine Eisenteile (Muttern, Draht etc.)

So geht es:
Füllen Sie einen Teller mit etwas Eisenpulver oder kleinen Eisenteilen, und geben Sie den Kindern die Möglichkeit, einen Magneten darunterzuhalten. Was passiert? Die Eisenteile formieren sich, sie bewegen sich zu bestimmten Mustern, je nachdem, wie man den Magneten unter dem Teller hält bzw. bewegt.

Kompass

Das brauchen Sie:
- Nagel, starke Magnete
- Styropor
- flache Wasserschalen

So geht es:
Die Kinder wissen sicher bereits, dass ein Kompass aus einer magnetischen Nadel besteht, die die Himmelsrichtungen anzeigt. Einen Kompass können die Kinder hier selbst basteln. Sie nehmen einen Nagel und streifen ihn mehrmals von der Spitze aus zum Kopf über den Südpol eines starken Magneten. Nun stecken sie den Nagel durch ein Stück Styropor. In eine flache Schale füllen die Kinder etwas Wasser. Sie legen den Nagel-Magneten hinein und können beobachten, wie er sich ausrichtet.

Gut zu wissen:
Welche Seite zeigt Norden an? Die Spitze des Nagels wurde durch den starken Magneten zum Südpol gezogen und zeigt nun nach Norden zum Nordpol der Erde.

Baumeister

Das brauchen Sie:
- Natur- und Alltagsmaterialien

So geht es:
Die Gruppe muss einen mindestens ein Meter hohen Turm oder einen Bogen (das ist schon ziemlich schwer) bauen. Dafür dürfen sie ausschließlich Naturmaterialien verwenden. Spielen Sie im Haus, bieten Sie anderes geeignetes Material an.

Papier-Bauwerke

Das brauchen Sie:
- Papier
- Stein

So geht es:
Die Spieler müssen stabile Bauwerke oder Möbel aus Papier bauen, zum Beispiel eine Brücke, einen Stuhl oder Ähnliches. Am Schluss testet der Schiedsrichter am Stand die Stabilität, indem er einen Stein darauf legt.

Tipp
Der Trick dabei ist, das Papier mehrmals zu falten oder auch zu rollen und schließlich auf den Kanten aufzubauen, nicht auf die flachen Flächen.

Strohhalm-Lift

Das brauchen Sie:
- Strohhalme
- kleine, leichte Materialien, zum Beispiel Cent-Stücke, Papier, Streichholzschachteln, Radiergummis
- Klebeband oder Kreide

So geht es:
Die Aufgabe ist es, mehrere Gegenstände über eine bestimmte Strecke zu transportieren. Dazu nehmen die Spieler den Strohhalm in den Mund und saugen die Materialien damit an. Die Hände dürfen dabei nicht benutzt werden (bzw. nur, um den Strohhalm festzuhalten). Markieren Sie die Strecke mit Hilfe von zwei Linien, und legen Sie vor die erste Linie die kleinen Gegenstände.

Gut zu wissen:
Die Gegenstände müssen eine flache, glatte Seite haben, die sich ansaugen lässt, und dürfen nicht zu schwer sein.

Allgemeinwissen

Je nachdem, wie lange die Wege zwischen den Stationen sind und wie viel Zeit Sie dafür einplanen, können Sie diese Momente nutzen, um den Tüftlern noch ein paar Allgemeinwissenfragen mitzugeben. Diese sollten auf das Gelernte der zurückliegenden Projekt-Zeit aufbauen.

Fragen zur Natur:
- Welche Pflanze verschickt ihre Samen als Fallschirme? (Löwenzahn bzw. Pusteblume)
- Wie viel sollte ein Igelkind im späten Herbst wiegen, damit es gut durch den Winter kommt? (mindestens 500 g)
- Kennt ihr drei Singvögel? (Amsel, Drossel, Fink)
- Wie nennt man die Kinder von Fröschen? (Kaulquappen)
- Wie nennt man die Kinder von Wildschweinen, und wie heißt der Wildschweinmann? (Frischlinge, Keiler)
- Warum sind Bäume für uns so wichtig? (Sie produzieren Sauerstoff durch die Fotosynthese.)

Fragen zum Weltall/Universum:

- Wie nennt man die schnellste Geschwindigkeit? (Lichtgeschwindigkeit)
- Wie heißen die Planeten unseres Sonnensystems? (Merkur, Venus, Erde, Mars, Jupiter, Saturn, Uranus, Neptun, Pluto)
- Wenn der Mond links nach außen gewölbt ist und rechts ein großes Stück fehlt, nimmt er dann ab oder zu? (Hier können Sie eine Zeichnung anfertigen, dann ist es einfacher. Lösung: Er nimmt ab. Wie beim kleinen *a*. Wenn er zunimmt, ist die Rundung wie beim altmodisch geschriebenen kleinen *z*.)

Fragen zu Technik:

- Was treibt ein Auto oder einen Staubsauger an? (Motor)
- Wie kann man Strom herstellen? (mit Solaranlagen, Windrädern, Wasserkraft, Atomkraft u. v. m.)
- Wie nennt man das Gegenstück einer Schraube? (Mutter)
- Wie heißen unsere schnellsten Züge in Deutschland? (ICE = Inter City Express)

Ein Blick zurück: erlebt, gelernt, dokumentiert

Das Tüftel-Fest bietet so viele neue Impulse, dass es für Erzieherinnen und Kinder sehr viel zu reflektieren gibt. Sie sollten in Ruhe die Tage nach dem Fest nutzen, um **mit den Kindern einzelne Stationen** der Rallye **durchzusprechen.** Sicher wollen die Kinder auch einige **Versuche noch einmal** machen oder etwas konstruieren, was ihnen bei der Rallye eingefallen ist.

Erstellen Sie gemeinsam eine **große Dokumentationswand mit Fotos** von den Kindern während des Festes. Aber auch Fotos der selbstgebauten Türme, der konstruierten Wasserleitungen und gesammelten Gegenstände sollten dabei sein. Dazu heften Sie Bilder und **Kommentare der Kinder** sowie **Berichte** der Kinder über ihre Erlebnisse während des Festes.

Greifen Sie **Themen** auf, **die die Kinder** nach dem Fest besonders **beschäftigen.** Vertiefen Sie die Inhalte, und **bauen Sie auf das Gelernte auf.**

Sicher hat sich beim Fest herausgestellt, dass es einige Eltern gibt, die beim Tüfteln, Forschen und Ausprobieren richtig aus sich herausgehen. Dabei gab es bestimmt auch einige Fachfrauen und -männer, die vielleicht jetzt Lust haben, den Kindern ihr Wissen weiterzugeben. Laden Sie **Eltern** doch zu **Labor-Tagen** ein, an denen Sie Angebote und Stationen wie in diesem Fest vorbereiten.

Nachhaltiges Messe-Erlebnis – ein Umwelt-Fest

Warum ein Umwelt-Fest?

Kinder haben ein natürliches Interesse an ihrem **Lebensraum,** ihrer **Umwelt.** Sie erforschen, betrachten und erobern sie, sobald sie sehen, hören, greifen und schließlich laufen können. Doch Kinder können die Gefahren von Umweltverschmutzung und Zerstörung durch Naturkatastrophen nicht überschauen. Sie ahmen nach, was wir ihnen vormachen. Werfen wir Erwachsene achtlos Müll weg, tun es wahrscheinlich bald auch die Kinder.

Ein Umwelt-Fest, entsprechend einem über längere Zeit angelegten Projekt zum Thema Umwelt und Lebensraum, bietet Gelegenheit, die **Fragen** der Kinder aufzugreifen. Gemeinsam können Kinder mit Erwachsenen **eigene Lösungswege** für eine bessere, weil umweltverträglichere Zukunft finden und sich eine Meinung bilden, wie sie selbst zu ihrer Umwelt stehen.

Dabei ist es sinnvoll, auf die **konkrete Lebenswelt der Kinder einzugehen.** Also greifen Sie Impulse auf, wie das achtlos im Wald fallen gelassene Taschentuch. Was passiert, wenn es liegen bleibt? Wie sieht es aus – passt es in die Landschaft? Woraus wird ein Taschentuch hergestellt? Wird es je wieder verschwinden?

Umweltschutz beinhaltet auch das Kennenlernen der **Tier-** und **Pflanzenwelt.** Kinder sind meist begeistert dabei, wenn es hinaus in die Umgebung geht, um diese zu erforschen. Mit **Lupen, Pinzetten, Mikroskopen** und **Bestimmbüchern** ausgerüstet, entdecken die kleinen Forscher, welche seltenen Käferarten unter der Terrassentreppe wohnen und welche Pflanzen am Dorfweiher wachsen.

Das Umwelt-Fest greift die Lernerfahrungen auf und dient als **Präsentationsmöglichkeit des Projekts.** Die Kinder haben Gelegenheit, ihren Eltern zu zeigen, was der Begriff „Umwelt" bedeutet und welche einfachen und sinnvollen Möglichkeiten es gibt, Umwelt wahrzunehmen, zu achten, achtsam zu nutzen und zu schützen.

Das Umwelt-Fest gleicht einer **Umwelt-Messe.** Statt einstudierter Kinder-Aufführungen gibt es viele **kleine Stände,** die von den Kindern mit ihren Eltern **betreut** werden. Das heißt, die Kinder müssen ihre Eltern mit ins Boot holen, um das Fest gestalten zu können. Hier lernen die Erwachsenen zunächst von den Kindern. Beide sollten sich ergänzen. Eltern unterstützen die Kinder bei ihrem Vorhaben, einen Stand zu betreuen, und die Kinder wiederum können ihr **Wissen kundtun** und **aktiv sein.** Ideal ist es, wenn an **jedem Stand mindestens zwei Familien** stehen, weil damit gewährleistet ist, dass jeder auch selbst einmal herumgehen und die anderen Stände ansehen kann. Schließlich soll das Fest auch Besucher haben ...

Die Stände sollen aber keine trockenen Informationsplattformen sein. Hier werden **Spiele, Experimente, kleine Aktivitäten** und interessante Erlebnisse angeboten, von denen jeder etwas für sich „herauspicken" kann.

Gemeinsame Aktivitäten stärken das Gruppengefühl und runden das Fest-Programm ab. Je nach Möglichkeiten müssen Sie sich für eine oder mehrere dieser Aktionen entscheiden und gegebenenfalls die Stände entsprechend reduzieren.

Zur Planung und Vorbereitung

Räumlichkeiten und Material

Wie die meisten Kita-Feste ist es auch für das Umwelt-Fest ideal, **große Räume** oder noch besser einen **Garten** nutzen zu können. Gerade der Bezug zur Natur wäre für das Umwelt-Fest naheliegend und natürlich am schönsten. Bauen Sie die **Stände,** wie bei Messen üblich, nebeneinander in geraden Reihen auf, sodass mehrere Gassen entstehen. Als Stände eignen sich die Kita-Tische oder Biertische und -bänke.

Wichtig sind **Schilder** für die Stände und Wege zur Orientierung und Werbung. Solche Schilder können Sie oder die Eltern mit den Kindern **aus Pappe** oder **Sperrholz** (Restekiste im Baumarkt) anfertigen. Schneiden bzw. sägen Sie die Schilder nach Bedarf aus, und grundieren Sie sie mit einer neutralen Wandfarbe. Darauf malen die Kinder ein **Symbol** für ihren Stand, und Sie oder die Eltern schreiben eine **Information** dazu.

Musik

Musikalische Untermalung während der „Messe" ist eher störend. Wenn Sie aber für eine „Restaurant-Ecke" Musik haben wollen, überlegen Sie, wie auch diese umweltbewusst sein kann. So ist es zum Beispiel möglich, **rein akustische Live-Musik** zu wählen, um den Strom für Verstärker oder Abspielgeräte einzusparen. Vielleicht finden Sie auch Musiker, die auf **„Haushalts-Instrumenten"** musizieren, wie Gießkannen, Plastikschüsseln und der „singenden Säge".

Speisen und Getränke

Speisen und Getränke können die Kinder direkt an den Ständen anbieten. Schöner und gemütlicher ist es, ein **„Messe-Restaurant"** einzurichten. Hier haben Eltern, Kinder und Pädagoginnen Gelegenheit, sich zu unterhalten und zu entspannen. Bitten Sie die Eltern, ein ausgewogenes **biologisches Buffet** zusammenzustellen und dafür möglichst Waren aus der nahen Umgebung, mindestens aus Deutschland, zu erwerben. Wenn es jedoch importierte Lebensmittel sein müssen, wie zum Beispiel Kaffee, achten Sie auf **„Fair-Trade"-Zeichen** und **Bio-Siegel.** Aus diesen Vorgaben ergibt es sich fast automatisch, dass wenig Fleisch und Wurst angeboten wird, denn diese Produkte sind in Bioqualität aus der Gegend verhältnismäßig teuer.

Sie sollten das **Kita-Geschirr** benutzen oder welches vom örtlichen Naturschutzverein oder einer Nachbarschaftshilfe ausleihen, um zu **vermeiden,** dass Eltern **Plastikteller** und **Plastikbesteck** mitbringen. Da Sie mit dem Verkauf der Speisen etwas Umsatz machen, werden Sie die Kosten hierfür decken können.

Tipp

Bieten Sie im Rahmen des Umwelt-Projekts einen Koch-Kurs für Eltern und Kinder an. Hier lernen die Teilnehmer, umweltbewusst einzukaufen und zu kochen. Dazu gehört zum Beispiel auch, energiesparend zu kochen (Deckel auf den Topf, Topf auf die entsprechend große Herdplatte usw.). Das Besondere Highlight des Kurses: Es gibt Rezepte und Anleitungen, um Pflanzen aus der nahen Umgebung zu leckeren Speisen und Getränken zu verarbeiten.

Beispielrezept: Gebackene Blüten

Holunder- und Akazienblüten können Sie direkt vor Ort in Pfannkuchenteig ausbacken. Es werden saubere Holunder- und Akazienblüten mit Stielen gesammelt und gut ausgeschüttelt, damit keine kleinen Käfer mehr anhaften. Der Teig ist ein einfacher, nicht zu dünner Eierkuchenteig. Zum Ausbacken verwendet man eine Pfanne. Tauchen Sie Blüte samt Stiel in den Teig, und backen Sie sie anschließend in der heißen, gefetteten Pfanne. Nach kürzester Zeit ist der Teig goldbraun und die Blüte knusprig.

Gut zu wissen:
Holunderblüten sollten vor allem Kinder nicht zu reichlich essen, da sie davon Bauchweh bekommen könnten. Weil sie eher herb schmecken, werden sich die Kinder aber von selbst einschränken. Die Akazienblüten sind wesentlich bekömmlicher und schmecken sehr fein und aromatisch.

Dekoration und Atmosphäre

Die Deko für eine Umwelt-Messe ist bei jedem **Stand individuell** anzufertigen. Für den Rahmen bieten sich **verschiedene Girlanden** an. Diese können aus **Naturmaterialien** gefertigt werden, indem Sie getrocknete oder frische Blätter auf eine lange Schnur fädeln und zwischen zwei Bäume spannen oder auf kürzere Schnüre fädeln und vertikal an Äste hängen. **Fähnchen** aus kleinen Zweigen mit Blättern oder Blüten daran machen sich ebenfalls gut als Deko, oder Sie legen **bemalte Steine** entlang der Gassen zwischen Ihren Messe-Ständen. Girlanden aus aufgefädelten Strohhalmen (von Gräsern, Schilf und Getreide) machen sich auch sehr gut. Lassen Sie Ihrer Fantasie einfach freien Lauf.

Für die Tische können die Kinder kleine Steine bemalen, **Tischdecken mit Blättern bedrucken, Blütenkränze** und **-bänder** stecken und Moos und Zapfen auslegen. Pflanzen Sie verschiedene **Kräuter in schöne Tontöpfe,** und stellen Sie sie direkt auf die **Esstische.** Legen Sie saubere Scheren dazu, sodass jeder beim Essen selbst Kräuter schneiden kann.

Personal und Zuständigkeiten

Es ist wichtig, dass alle Mitarbeiter einen Überblick über die Stände haben und gegebenenfalls einspringen können. Es sollte bereits in der Projektzeit **entschieden werden, wer welchen Stand** gestalten möchte. Das heißt, dass die **Gruppen** sich auf grobe **Themenbereiche** einigen, zum Beispiel übernimmt eine Gruppe die Tierwelt, eine andere die Pflanzenwelt usw.

Beim Fest muss es **zuständige Personen** für verschiedene **Bereiche** geben:

- Koordination und Ablauf
- Ständebetreuung
- „Restaurant"
- sanitäre Anlagen und Sicherheit (Feuerlöscher, Verbandskästen)

Öffentlichkeitsarbeit

Der Messe-Charakter des Festes ist ein idealer Rahmen für eine **größere Öffentlichkeit.** Weil die Kinder nicht alleine an den Ständen stehen, ist es für sie kein Problem, wenn auch „Fremde", also Gäste aus der Umgebung, das Fest besuchen. Machen Sie rechtzeitig **Werbung mit Plakaten** und **Ankündigungen in örtlichen Zeitungen** und Radiosendern. Sprechen Sie mit der **Gemeindeverwaltung** und dem örtlichen **Naturschutzverein,** wer am Fest teilnehmen möchte, und bitten Sie um die Möglichkeit, die Aushangmöglichkeiten der Gemeinde nutzen zu dürfen.

Finanzierung

Da das Fest einer größeren Öffentlichkeit zugänglich sein wird, lohnt es sich, **Getränke und Speisen,** aber auch **Bastelarbeiten der Kinder zu verkaufen.** Damit die Kindergartenkinder und -eltern dabei nicht immer mitzahlen müssen, können Sie für jede Familie Speise- und Getränkebons ausgeben.

Ablauforganisation im Team

Das Umwelt-Projekt hat das pädagogische Team bereits stark gefordert. Denn Kinder stellen viele Fragen, die es zu beantworten gilt. Und daraus ergeben sich diverse neue Fragen, die in Experimente, Exkursionen und Naturbeobachtungen münden. Nun sollten die **Mitarbeiterinnen** des Kindergartens fit sein, um **den Kindern bei der Umwelt-Messe beistehen** zu können.

Da es bei dem Fest zunächst um das Vorstellen des Umwelt-Projektes geht, entwickelt **jede Gruppe** in Absprache miteinander für sich die **Ideen für die Stände.** Die **Stände** werden von **Kindern** und **Eltern** gemeinsam betreut und vom **Personal unterstützt.** Die **Vorarbeiten** erledigen die Kinder und die Pädagoginnen so weit, wie möglich, während der **Projektphase.** Abschließende **Vorbereitungen** sollten **von den Eltern unterstützt** werden.

Gemeinschafts-Aktionen erfordern **Vorbereitungen,** wie das **Einholen von Genehmigungen** und das Beschaffen von Material und Gerätschaften.

Sprechen Sie mit den Eltern im Vorfeld darüber, dass auch „fremde" Personen zum Fest eingeladen sind, weil es eine öffentliche Veranstaltung ist. Entsprechend sollten die **Kinder auch von den Eltern betreut** werden. Gut wäre es, wenn ein Teammitglied darauf achtet, wer den Kindergarten betritt und verlässt. Auch muss auf die Garderobe der Gäste geachtet werden. Weisen Sie darauf hin, dass **keine Haftung für Kleider und Gegenstände** übernommen wird.

Einladungen

Innovative Einladungen für ein Umwelt-Fest sind einfach hergestellt. Hier haben die Kinder sicher selbst wunderbare Ideen. Einige **Beispiele** sollen Sie ermuntern, selbst weiter kreativ zu denken:

- Beschriften Sie **flache Steine** mit dem Einladungstext, und lassen Sie die Kinder Naturmaterialien an die Ränder der Steine kleben. Wer in Gegenden lebt, wo es **Schiefer** gibt, sucht mit den Kindern flache Schieferplatten und schreibt darauf die Einladung.
- Schreiben Sie den Text direkt auf einen **Stock** oder ein **Holzstück,** oder wickeln Sie die Einladung fest um einen Stock und binden einen langen Grashalm darum.
- Mit einem wasserfesten Stift können Sie direkt auf ein großes **Baumblatt** schreiben. Oder sie nutzen das Blatt wie eine Faltkarte und legen das Einladungspapier innen hinein. Wenn Sie vier kleine Schlitze in das Blatt ritzen, können Sie die Ecken der Einladung feststecken.

Bitten Sie die Eltern in der Einladung, **pro Person** (auch für die Kinder) einen **Samen,** einen **Kern** oder **Setzling** mitzubringen. Dieser wird dann am Schluss des Festes eingepflanzt (siehe „Gemeinsame Aktion" auf Seite 83).

Tipps zu Ablauf und Durchführung

Auch wenn das Umwelt-Fest als Messe gefeiert wird, sollte es den **Festcharakter** nicht verlieren. Das heißt: Im Vordergrund steht das **fröhliche** und **herzliche Miteinander** der Gäste. Die Kinder wollen gefeiert werden und selbst auch feiern. Es sollte immer ausreichend **Gelegenheit zum Spielen, Herumlaufen und zum lockeren Beisammensein** vorhanden sein. Wenn die Kinder Lust dazu haben, können Sie ein eigenes **Umwelt-Lied** dichten und vortragen. Dieses Lied kann als Beginn und Abschluss den Rahmen bilden.

Spiele und Aktionen

Erde

Das brauchen Sie:
- verschiedene Erden
- Schuhkartons mit Deckel
- Schere, Kleber
- Mörser
- Quark, Ei, Kleister
- Steine, Holz, Pappe, Papier
- Naturmaterialien (Moos, Schwamm, Gräser, Nadelquasten
- Zeitschriften mit Tierbildern

So geht es:
Die Kinder bieten verschiedene Erden an, die gefühlt, gerochen und betrachtet werden können. Dafür benutzen sie Schuhkartons mit Deckeln und einem Loch darin. Die Besucher können zunächst in die Kiste hineinriechen und anschließend hineingreifen. Dann nehmen sie den Deckel ab und sehen sich die Erde an.

Erde kann, fein gemörsert, als Farbpartikel genutzt werden. Gemischt mit Quark, verquirltem Ei oder Kleister lässt sich die Farbe auf Steine, Holz, Pappe oder Papier auftragen. Als Pinsel können die Besucher Naturmaterialien verwenden: Moos (wie ein Schwamm), Gräser, Nadelquasten usw.
Tipp: Lassen Sie die Besucher auch die Pigmente selbst mörsern und die Farben anrühren.

In bzw. unter der Erde leben viele kleine und größere Tiere. Die Kinder können ein Plakat gestalten. Sie schneiden Tierbilder aus (Internet, Zeitschriften) und kleben sie an die entsprechenden Stellen auf dem Plakat. Die Erde können sie mit Hilfe von Kleister aufkleben oder mit Erdfarbe malen.

Gemeinsame Aktion: Wir legen einen Komposthaufen an

Das brauchen Sie:
- Bausatz für Kompost-Zäune
- Reisig oder anderes, grobes und trockenes Material
- Erde
- Laub
- Gras
- Küchen- und Gartenabfälle

So geht es:
Nach dem Aufbauen des Rahmens müssen die Eltern und Kinder das Kompost-Material zusammenstellen. Nach und nach stapeln sie trockeneres, gröberes Material und Erde, Laub, Gras sowie Abfälle aus der Küche und dem Garten.

Tipp

Ist der Kompostzaun recht hoch, sollten Sie einen Schemel oder Holzklotz davorstellen, damit die Kinder selbstständig Biomüll in den Kompost werfen können.

Gut zu wissen:
Je nachdem, wie viel Platz Sie zur Verfügung haben und welches Material Sie einsetzen können, benötigen Sie mindestens eine Stunde Zeit für diese Aktion. Es gibt Bausätze für Holz-Kompost-Zäune oder auch Drahtgeflechte. Informieren Sie sich hierzu vorab, und besorgen Sie gegebenenfalls solch einen Bausatz.

Wasser

Das brauchen Sie:
- verschiedene Trinkwasser (inkl. Leitungswasser) zum Probieren
- Soda-Automat
- Kasten mit Glasscheibe bzw. einen tieferen Bilderrahmen
- Erde, Kies, Sand, Schotter, Kohle
- Lebensmittelfarbe
- Kunststoff-Flaschen und Blumentöpfe
- Bohrer

So geht es:
Wasser als Element ist sowohl lebenswichtig als auch lebensgefährlich. Beides können die Kinder an einem Stand zeigen. Sie bieten verschiedene Sorten Trinkwasser zum Probieren an. So ermöglichen sie Vergleiche wie: *„Schmeckt Leitungswasser anders als Tafelwasser aus der Flasche?"* Und: *„Wie schmeckt selbstgesprudeltes Leitungswasser im Vergleich zu gekauftem Sprudelwasser?"*

Unser Grundwasser zu schützen, scheint zwar selbstverständlich, in der Praxis wird es aber meist vergessen. Die Kinder fertigen ein Bild oder ein Modell an, das zeigt, wie Regenwasser, aber auch Wasser vom Autowaschen oder Ähnliches ins Grundwasser sickert. Um so ein Modell anzufertigen, benötigen sie einen Kasten mit Glasscheibe. Sie füllen die Erd- und Kiesschichten ein und lassen an der Seite das Wasser durch eine gebohrte Öffnung abfließen. Oben müssen sie die Seitenwand teilweise oder ganz entfernen, sodass sie dort Schmutzwasser (mit Lebensmittelfarbe färben) einfüllen können.

Das Modell des Grundwasserschutzes zeigt schon, dass die Erde Wasser reinigen kann. Die Kinder bauen mit den Besuchern einfache Kläranlagen aus Kunststoff-Flaschen oder Blumentöpfen, die mit verschiedenen Schichten aus Sand, Schotter, Kohle und Erde gefüllt werden. Oben kommt verschmutztes Wasser hinein, und unten wird es bei jedem Filtervorgang etwas sauberer.

Gemeinsame Aktion: Wir installieren eine Regentonne

Damit in Zukunft die Beete mit Regenwasser begossen werden und die Kinder im Garten mit Wasser spielen können, ohne dabei kostbares Trinkwasser zu verschwenden, stellen sie eine Regentonne auf. Diese muss an eine Regenrinne angepasst werden. Sie benötigt einen Hahn, auf den ein Schlauch passt. So ist gewährleistet, dass auch ein Sandkasten bewässert werden kann.

Das brauchen Sie:
- Plastiktonne mit Hahnvorrichtung und Sieb am Ablauf
- Schlauch
- Holz oder Gitter für den Deckel
- Säge

So geht es:
Sprechen Sie sich mit geschickten und erfahrenen Eltern ab, die hier die Aufsicht führen, damit alles gut zusammenpasst. Hier gebe ich Ihnen ein paar Sicherheitsmaßnahmen an die Hand, die Ihre Regentonne erfüllen sollte: Ganz wichtig ist ein feines Sieb am Ablauf des Fasses. Es sollen möglichst keine Verunreinigungen in den Spielbereich fließen können. Auch sollten Sie einen Deckel, der aber noch Luft durchlässt, für die Tonne anschaffen oder aus feinem Gitter bauen. So garantieren Sie, dass Kinder nicht versehentlich in die große Tonne stürzen und außerdem keine Mückenzucht entsteht.

Bäume

Zum Anschauen und Informieren

Ob die Besucher die Bäume der Gegend alle mit Namen kennen? Die Kinder haben während des Projektes Bestimmbücher gebastelt. Dafür hatten sie Blätter gesammelt und getrocknet, Rindenstückchen auf Papier durchgerubbelt und Formen der Blattkronen abgezeichnet.

An diesem Stand sollten auch theoretische Hintergrundinformationen über Bäume zu erfahren sein. Zum Beispiel könnten die Kinder darstellen, wie die Fotosynthese funktioniert, und so zeigen, wie wichtig Bäume für uns sind.

Was wird aus Bäumen alles hergestellt? Die Kinder zeigen ein Plakat mit verschiedenen Produkten oder zeigen einen Herstellungsprozess, zum Beispiel von Taschentüchern aus Zellstoff. Sie können auch demonstrieren, wie viele Bäume nötig sind, um Toilettenpapier aus Zellstoff herzustellen. In Abgrenzung dazu zeigen Sie die Alternative: Toilettenpapier aus chlorfrei gebleichtem Recycling-Papier.

Zum Ausprobieren: kleiner Wissenstest

Das brauchen Sie:

- Karten mit Motiven von Bäumen, Blättern und Früchten
- Laminierfolie
- Laminiergerät
- Wassermarker

So geht es:

Es liegen Karten aus. Darauf sind Bäume, Blätter und Früchte abgebildet. Die Besucher müssen den Baumbildern die passenden Blätter und Früchte zuordnen. Ist die Zuordnung richtig, erscheint auf der Rückseite überall derselbe Name des Baumes (mit wasserfestem Marker über die Karten geschrieben).

Kleines Geschicklichkeitsspiel

Das brauchen Sie:

- Nüsse
- langes Papprohr, zum Beispiel von Küchenrolle
- Holzklotz oder Stein
- Hammer

So geht es:

Ein längeres Papprohr (Küchenpapier) wird schräg auf einen Holzklotz oder Stein gestellt. Der Spielleiter lässt oben eine Nuss hineingleiten. Sobald sie unten herauskommt, muss der Spieler mit einem Hammer daraufhauen. Erwischt er sie und sie öffnet sich, darf er sie essen. Man hat drei Versuche.

Tipp

Nüsse eignen sich auch zum Fangen, Werfen, Jonglieren u. v. m.

Gemeinsame Aktion: Wir pflanzen eine grüne Lunge!

Das brauchen Sie:
- Schaufeln
- Wasser und Eimer
- Dünger
- Baum (aus dem Gartencenter)
- Pflanzenring
- Gießkannen

So geht es:
Um den Baum zu pflanzen, benötigen Sie ein entsprechend großes Loch im Boden. Informieren Sie sich bei einem Pflanzenmarkt nach den genauen Bedingungen für ihren Baum. Das Loch buddeln alle gemeinsam. Nun muss noch viel Wasser in das Loch geschüttet werden, und evtl. benötigt der Boden noch etwas Dünger. Nach dem Einsetzen des Baumes wird die Erde wieder aufgeschüttet und locker angedrückt. Nun wässern die Kinder alle mit ihren Gießkannen. Am besten legen Sie einen Pflanzring um die Baumwurzeln, indem dort ringförmig eine Mulde gegraben wird. Wenn die Kinder später hier gießen, läuft das Wasser nicht weg, sondern sickert genau an die Wurzelenden des Baumes.

Gut zu wissen:
Um im Garten der Tagesstätte einen Baum oder auch einen Strauch zu pflanzen, müssen Sie zunächst die Genehmigung des Eigentümers einholen. Lassen Sie es sich unbedingt schriftlich geben, welchen Baum sie pflanzen dürfen und welcher Platz dafür vorgesehen ist, damit Sie später keine Probleme bekommen.

Blumen, Gräser und Kräuter

Das brauchen Sie:
- Unterlagen aus der Projektzeit, zum Beispiel: Herbarien, selbsterstellte Pflanzenlexika, Plakate, Übersichten
- Körbe und Schachteln mit (getrockneten) Pflanzen, Kräutern, Blumen und Blüten
- Schere, Papier, Stifte
- Plastiktüten
- Kühltaschen

So geht es:
Während des Projekts haben die Kinder sicher viele Blumen und Gräser und andere Pflanzen kennengelernt. Sie haben ein Herbarium angelegt oder andere Formen von Lexika und Übersichten zusammengestellt. Diese präsentieren sie hier auf der Umwelt-Messe ihren Besuchern.

Der Blumenstand ist auch ein Sinnesstand. Hier kann gerochen, gefühlt und geschmeckt werden. Die Besucher dürfen aber nur bestimmte Pflanzen probieren (beschriften Sie die Behälter kindgerecht mit Hilfe von Symbolen und Piktogrammen).

Am Stand sollte es viele verschiedene Blüten, Blumen, Kräuter und Gräser geben, die in Körben oder Schachteln liegen. Achten Sie darauf, dass nur Pflanzen gepflückt werden, die nicht unter Naturschutz stehen und sich eine Weile halten. Frische Blumen, zum Beispiel für Kränze, können die Kinder in Plastiktüten aufbewahren, die sie in Kühltaschen legen.

Tipp

Der Blumenstand ist auch ein Medizin- und Leckereien-Stand: Hier gibt es Kräutertee, Bowle, Limonade, Marmelade und Sirup. Natürlich kann das alles von den Besuchern gekauft werden.

Gemeinsame Aktion: Wir legen einen Kräuter- und Gemüsegarten an

Ein richtiges, funktionierendes Gemüsebeet sollte in keinem Kita-Garten fehlen. Besonders frische Gartenkräuter sind eine Bereicherung für jedes Frühstücksbuffet.

Tipp

Dieses Angebot ist auch eine wunderbare Aktion für den Abschluss des Festes.

Das brauchen Sie:

- kleine Rasenfläche
- Ziegelsteine als Umrandung oder die bunten Deko-Steine aus den Messe-Gassen (siehe Deko-Anregungen auf Seite 77)
- Schaufeln
- Samen von Gemüsepflanzen Ihrer Wahl bzw. Kräuter im Topf (Wenn Sie dieses Angebot als Abschlussaktion machen, dann kommen die mitgebrachten Samen und Setzlinge hier zum Einsatz.)
- Gießkannen

So geht es:

Zum Abschluss des Festes treffen sich alle Kinder und Eltern im Freigelände des Kindergartens oder beim Vorgarten. Hier graben einige Eltern ein Stück Rasen um. Die Kinder legen Steine als Umrandung rundherum. Nun darf jeder seinen mitgebrachten Samen, sein Korn oder seinen Setzling einpflanzen. In Frage kommen als Samen zum Beispiel: Radieschen, Karotten, Pflücksalat, Gurken, Zucchini, Kraut, Kohlrabi, Feldsalat, Bohnen und Erbsen. Tomaten sollten vorgezogen und als Setzlinge gepflanzt werden. Kräuter, wie Schnittlauch, Petersilie, Rucola, Thymian, Salbei, Oregano und Rosmarin, kaufen Sie am besten als Pflanzen im Topf und setzen sie ein. Es wird noch fleißig gegossen. Ab jetzt können alle Kinder, aber auch die Eltern beim Abholen der Kinder beobachten, wie allmählich die verschiedensten Pflanzen im Beet sprießen. Es bleibt über lange Zeit spannend, was dort wächst. Und wenn es klar ist, dass manche Pflanzen einen anderen Platz benötigen, werden sie eben umgepflanzt.

Tipp

Informieren Sie sich zum Beispiel im Internet unter **http://www.hausgarten.net/gartenformen/kraeutergarten** darüber, welche Pflanzen gut miteinander in einem Beet gedeihen. Außerdem sollten Sie Ihr Beet nicht zu voll pflanzen.

Gemeinsame Aktion zum Abschluss: Wir räumen auf!

Das brauchen Sie:

- Müllsäcke oder Eimer
- Einweg-Gummihandschuhe

In Bayern heißen die dörflichen Aufräumaktionen „Ramadama". So etwas lässt sich auch bei einem Kinderfest durchführen.

Legen Sie eine bestimmte Zeit, zum Beispiel eine Stunde, fest, in der alle ausschwärmen und Müll einsammeln.

Tipp

Sprechen Sie sich mit der Gemeinde ab, damit der Müll später abgeholt wird.

Ein Blick zurück: erlebt, gelernt, dokumentiert

Das Umwelt-Fest in Form einer Messe zeigt, dass sich bereits kleine Kinder sehr viele Gedanken über ihre Umwelt machen und es ihnen ein wichtiges Anliegen ist, die Umwelt zu schützen. Dabei gehen Kinder aber meist ganz anders an das Thema heran als wir Erwachsenen. Sie beobachten und erleben viel direkter, unmittelbarer und denken nicht erst nach, bevor sie sich für etwas einsetzen.

Werten Sie mit den Kindern gemeinsam aus, wie es ihnen mit dem ungewöhnlichen Fest ging:

- Was hat Ihnen am Fest gefallen?
- Was war besonders an diesem Fest?
- Hat ihnen der Spaß-Faktor gefehlt?
- Fanden Sie es gut, ihr Wissen weiterzugeben?

Überlegen Sie gemeinsam, wie es nun weitergeht: Wollen die Kinder an ihren Umweltschutz-Ideen weiterarbeiten? Wollen sie versuchen, sich noch mehr für die Umwelt zu engagieren? Überlegen Sie gemeinsam, was Sie noch alles tun könnten.

Bieten Sie den Kindern an, eine oder mehrere **Portfolio-Seiten zum Fest** zu gestalten, wo sie ihre eigenen **Lernerfahrungen** einbringen können. Hier steht dann zum Beispiel, dass ein Kind während des Festes gelernt hat, anderen Menschen etwas über Bäume zu erklären und dabei richtig gut sprechen konnte. Die vielen neuen Begriffe sind plötzlich ganz normal und lassen sich einfach aussprechen. Auch können die Kinder **Fotos** und **Material** vom Fest einkleben und **Zeichnungen** anfertigen, die zeigen, was sie für interessante Erfahrungen während der Messe machen konnten.

Und außerdem: Pflegen Sie Ihren gemeinsamen **Kita-Kräutergarten,** und nehmen Sie ihn immer wieder zum **Gesprächsanlass,** um die Erfahrungen des Festes aufzugreifen.

Vorhang auf, Bühne frei – ein Theater-Fest

Warum ein Theater-Fest?

Während einer längeren Projekt- oder Themenphase erhalten die Kinder einen umfassenden Einblick in die Welt des Theaterspiels. Sie erfahren, **was alles zum klassischen Theater gehört** (vom Stückeschreiber über die Schauspieler bis zum Kostümbildner) und erleben selbst ein oder mehrere **Theaterstücke.**

Die Kinder lernen, dass der Begriff „Theater" vieles umfasst, nämlich:

- Rollenspiel
- Puppentheater
- Pantomime
- Schattentheater
- Tanztheater
- Improvisationstheater
- Stand-up-Comedy
- Kabarett
- Musical

Sie erleben das Theater dabei als **(künstlerische) Ausdrucksform,** in der sich ein Schauspieler über eine **Rolle** definiert und präsentiert, und erfahren, dass es möglich ist, als eine einzige Person verschiedene Rollen einzunehmen. Dabei gibt es immer wieder Gelegenheiten, über Parallelen zum realen Leben **zu sprechen:** Denn auch in einem Theaterstück ist das Kind in der Rolle von Tochter oder Sohn, Freund oder Freundin, Kindergartenkind usw. Nur ist diese Rolle gespielt, **im wahren Leben** spielt man hingegen keine Rolle, da ist man man selbst.

Während sie beim Theaterspiel immer wieder versuchen, eine bestimmte Rolle zu verkörpern, lernen die Kinder, **sich in andere Menschen hineinzuversetzen.** Sie üben, ihre Mitmenschen zu beobachten und die Vielfalt der Individuen wahrzunehmen. Ein guter Schauspieler schafft es, Emotionen hinauszutragen. Er kann sich so in traurige Menschen hineinversetzen, dass er dies in seiner Rolle nachvollzieht. Er kann lustig sein, obwohl er außerhalb des Theaters gar keinen Grund hat, zu lachen.

Theaterprojekte ermöglichen Kindern auch, ihren **Körper** und dessen **Ausdrucksmöglichkeiten** besser kennenzulernen. **Mimik** und **Gestik, Körpersprache, Blicke** und **Bewegungen,** werden geübt, beobachtet und ausgewertet. Die Welt des Theaters bietet unzählige Möglichkeiten, sich **kreativ** auszudrücken. Ob es über den Köper, **Sprache** und **Gesang** ist, über Bewegungen (Tanz) und **Kostüme** oder über die Ausgestaltung von **Bühnenbildern,** Requisiten, Einladungen und Plakaten – hier ist für jeden eine Form dabei.

Beim Theaterspielen dürfen Kinder ihrer **Fantasie** freien Lauf lassen, sowohl beim Spiel an sich, also beim Hineinversetzen in andere Rollen, als auch bei allem anderen, was dazugehört, dem Kulissenmalen, dem Kleiderzusammenstellen usw. Das **freie, zwanglose Entfalten eigener Ideen** bietet Raum für **kreatives Tun** und **sinnliches Entdecken,** was im Rahmen der ästhetischen Erziehung als sehr förderlich gesehen werden kann.

Theaterspielen stärkt überdies den **Gemeinschaftssinn** und hilft Kindern, sich in Gruppen zu integrieren. Das **Selbstwertgefühl** erhält eine große Aufwertung, und das konzentrierte Arbeiten am

Theaterstück ermöglicht es, Ausdauer und Konzentrationsfähigkeit zu trainieren.

Letztendlich ist ein Theater-Projekt eine fantastische Möglichkeit, Kindern **Sprache** näherzubringen. Kinder, die der deutschen Sprache (noch) nicht mächtig sind, finden einen **ersten Zugang** über die ausdrucksstarken Gesten, Mimik, Kostüme usw. Sie erkennen **Zusammenhänge** und **erschließen sich daraus Inhalte.** Der Umgang mit Texten, das Lernen der Rollen, Gespräche über die Eindrücke, all das ist **Sprachförderung,** die Kindern **Spaß** macht.

Ein Theater-Fest als Abschluss der Projektphase bietet einen Rahmen, um die Erfahrungen zu reflektieren und zu präsentieren. Laden Sie die Eltern ein, aktiv am Theater-Fest teilzunehmen, indem Sie eine Art **Improvisationstheater** bzw. eine **„Offene Bühne"** ins Leben rufen. So können die Eltern hautnah erleben, was es heißt, Theater zu spielen, und sie machen die Erfahrung, von ihren Kindern zu lernen und sie in ihrem Lernweg zu respektieren.

Zur Planung und Vorbereitung

Räumlichkeiten und Material

Für ein Theater-Fest benötigen Sie eine **Bühne.** Diese muss kein professionelles Podest sein. Auch eine Lichtung im Wald mit **Sitzreihen** aus Baumstämmen und Decken im Halbkreis drumherum ist geeignet. Wichtig ist, dass die Schauspieler vom Publikum gesehen und gehört werden.
Mikrofone sollten Sie nur dann einsetzen, wenn Sie ein sehr großes Publikum erwarten. Dann müssen Sie aber dafür sorgen, dass die technische Ausrüstung gut funktioniert, und das Sprechen in die Mikrofone mit den Kindern üben. Leider wirken ungleichmäßige Lautstärke und plötzliche Nebengeräusche (Feedback) sehr störend und somit nachteilig für die Theateraufführung. Üben Sie stattdessen lieber mit den Kindern, laut und deutlich zu sprechen.

Musik

Musikalische Untermalung für das Theater-Fest **ergibt sich aus den Plänen für das Stück.** Je nachdem, ob und welche Musik Sie hier einsetzen, können Sie auch für die Pausen und die spätere Zeit beim „gemütlichen Beisammensein" diese Musik auswählen.

Speisen und Getränke

Welche Speisen und Getränke für die Besucher und Akteure angeboten werden, können Sie ebenfalls **vom Stück abhängig** machen. Das hier vorgestellte „Potpourri" aus verschiedenen Theaterformen lässt alle Möglichkeiten offen. Als Form bietet sich ein **Buffet mit kalten Speisen** an, zu dem es auch **Kuchen** und **Kaffee** gibt. Grillen und Lagerfeuer sind sehr zeitintensiv in der Vorbereitung und kommen wegen der Einbeziehung der Gäste in die Fest-Aktivitäten nicht in Frage.

Da Sie bereits während der Theateraufführung Sitzplätze für die Gäste benötigen, bauen Sie Tische für das Einnehmen von Speisen und Getränken so auf, dass die Besucher und Kinder ihre Stühle und Bänke später selbst mitnehmen können.

Dekoration und Atmosphäre

Lassen Sie den **Zauber der Theaterwelt** auch in die Dekorationen einfließen. Breiten Sie **samtene** oder **seidene Tischtücher** aus, und legen Sie darauf weiße oder farblich abgestimmte Tischläufer als Schutz vor Flecken. Basteln Sie mit den Kindern Dekorationen, die zum Theaterstück passen. **Fotografieren Sie die Kinder während der Projektzeit** in ihren diversen **Kostümen,** mit **Schminke** und in Aktion. Gestalten Sie mit den Fotos zum Beispiel einen langen Streifen, den Sie mittig auf die Tischläufer legen und dort mit Nadeln fixieren. Oder hängen Sie Schwarz-Weiß-Fotografien der Kinder auf.

Haben Sie keine Wände zur Verfügung (im Freien) und keine andere Hängemöglichkeit, bauen Sie mit den Kindern einfache **Bildständer:** Schneiden Sie dazu ein Stück festen Draht (ca. 1 mm dick) ab, und biegen Sie ein Ende mit Hilfe einer Zange spiralförmig um, sodass hier das Bild eingesteckt werden kann (ähnlich einer Büroklammer). Das anschließende gerade Stück erhält die Länge, die Sie sich vorstellen. Das zweite Ende wickeln Sie fest um einen Stein, sodass das gerade Drahtstück mit dem Bild am oberen Ende aufrecht stehen bleibt. Haben Sie geeignete, sehr feine Bohrer und dazu eine sichere Einspannmöglichkeit zur Verfügung, können Sie je ein Loch in einen Stein bohren und den Draht mit der Halterung hineinstecken. Mit etwas Superkleber fixiert, hält es sehr gut. Stellen Sie die **Bildhalter auf das Buffet** und **auf die Tische** für die Gäste.

Sehr dekorativ wirken **Requisiten aus Theaterstücken.** Stellen Sie Löwen aus Pappmaschee, Hand- und Stabpuppen sowie riesige Hände aus Filz aus, oder hängen Sie **Kostüme an Haken** an die Wände oder an Bäume. Wenn Sie selbst in der Kita nicht genug zusammenbringen, schauen Sie sich auf dem **Flohmarkt** oder im **Kostümverleih** um.

Personal und Zuständigkeiten

Nach dem Eintreffen der Gäste sollte die Leiterin eine kurze Begrüßungsansprache halten und den Ablauf des Festes erläutern. Die **Theateraufführung** der Kinder wird von den **Pädagoginnen** betreut, die auch die Proben übernommen haben. Alle übrigen zur Verfügung stehenden Kolleginnen teilen sich die Aufgaben auf. Nach Ende des Stückes sind wieder **alle Mitarbeiterinnen** einsatzbereit und verteilen sich entsprechend auf die **Aktivitäten-Stationen.**

Für alle **Bastelangebote** benötigen Sie je ein Teammitglied oder einen anderen **Erwachsenen.** Für die Kleingruppen, die sich **Sketche oder kleine Rollenspiele** überlegen, reicht **eine Person als Ansprechpartner** für mehrere Gruppen. Eine Mitarbeiterin muss sich um die **Vorbereitung des Buffets** und die **Bereitstellung der Getränke** kümmern. Eine Person ist **Sicherheits-** und **Sauberkeitsbeauftragte** (Toilettenpapier, Handtücher und Seife nachfüllen, Erste-Hilfe-Ausrüstung griffbereit halten, Telefon mit Notrufnummern dabei haben). Eine Person sollte für das **Fotografieren** und/oder **Filmen** während des Festes zuständig sein. Gerade das Motto „Theater" bietet viele schöne Motive, die später als Geschenk für die Kinder und Eltern verwendet werden können, aber auch ihren Platz im Portfolio der Kinder finden.

Öffentlichkeitsarbeit

Eine Theateraufführung bietet sich gut als öffentlichkeitswirksames Medium an. Überlegen Sie, ob die Kinder bereit und fähig sind, ihr Stück auch vor anderen Gästen ein weiteres Mal zu spielen, zum Beispiel im **Seniorenheim,** im **Hort** oder **Kinderheim,** beim **Frauenfrühstück** oder dem örtlichen Sommerfest des **Gewerbevereins.** Solch ein Auftritt zeigt die Qualität der pädagogischen Arbeit und kann **Förderer** und **Sponsoren** aufmerksam machen (zum Beispiel für das neue Klettergerüst). Es lohnt sich, die **Aufführung** möglichst **professionell zu filmen** und an die Eltern zu verteilen (verkaufen).

Sie können den **Film auch auf die Kita-Homepage** stellen, sofern Sie das Einverständnis der Eltern dafür eingeholt haben. Überlegen Sie aber, ob Sie den Zugang so weit sperren, dass nur angemeldete Eltern mit Passwort einen Einblick erhalten.

Finanzierung

Wenn Sie das Zubehör für ihr Fest und das Material für das vorausgehende Projekt neu kaufen möchten, entstehen recht hohe Kosten. Im Prinzip können Sie aber das ganze **Material, alle Utensilien,** von Kostümen über Bühnenbild und Requisiten, **selbst herstellen,** vom **Flohmarkt** besorgen oder über **Elternspenden** erwerben. Das Material dazu finden Sie im **Kita-Materialschrank,** auf dem **Sperrmüll** oder im **„Gelben Sack"** (Verpackungsmüll). Fragen Sie nach Stoffresten aus einer **Stoff-Fabrik** oder einer Segelmacherei, bitten Sie um Papierreste (zum Beispiel für die Einladungen und Plakate sowie Dekoration) in einer **Druckerei,** und stöbern Sie nach Schätzen auf dem Dachboden der Kita (bzw. lassen Sie die Eltern zu Hause auf ihrem Dachboden stöbern), der seit Jahren nicht betreten wurde.

Einfachste Mittel und Materialien haben ihren Wert bei der Arbeit mit Kindern. Sie regen die Fantasie meist viel mehr an als vorgefertigte neue Materialien. Kinder schaffen es, sich einfache Dinge als genau das vorzustellen, was sie in diesem Moment sein sollen. So wird aus einem Stück Holz ein Auto, aus einem Stock ein stolzes Ross und aus einem Handtuch das Prinzessinnenkleid. Das fördert die Eigeninitiative, Kreativität und Fantasie der Kinder und ermutigt sie, eigene Strategien zu entwickeln.

Und dennoch: Vielleicht stellt auch das **Stadttheater** oder die **Theater-AG der benachbarten Grundschule** ausrangierte Kostüme oder Requisiten aus ihrem Theaterfundus zur Verfügung. Fragen Sie einfach einmal nach, und vergessen Sie im Fall des Falles nicht, den freundlichen Spender zu Ihrer Aufführung einzuladen und ihm auf der Einladungskarte öffentlich zu danken.

Ablauforganisation im Team

Um einen „roten Faden" bzw. ein gemeinsames **Thema für das Theaterstück** der Kinder zu finden, ist es notwendig, sich vor Projektbeginn im Team abzusprechen. Da die Kinder während der Projektzeit immer neue Impulse einbringen, muss aber das **Theater-Thema weitgehend offen bleiben,** also nur einen **groben Rahmen** bilden, zumindest bis kurz vor Probenbeginn. Legen Sie daher nur die Richtungen fest, die beispielsweise sein könnten:

- „Kennenlernen verschiedener Theaterformen" oder „Wie funktioniert Theater?"
- Themenausrichtung: Märchen, Tiere, Bilderbücher, Farben oder Ähnliches.

Auf diese Art können Sie **schon während der Projektphase einzelne Elemente herauspicken** und für das spätere Stück notieren, zum Beispiel: Sie haben im Kindergarten das Thema „Märchen" als Aufhänger für das Theaterprojekt gewählt. Ihre Gruppe sieht sich im Kindertheater der Stadt das Stück „Rapunzel" an. Viele Kinder schwärmen zugleich von dem Kinofilm „Rapunzel", der witzige, moderne Elemente zum alten Märchen hinzufügt. Die Kinder gestalten gemeinsam ein großes Bild als Dekoration für den Gruppenraum und spielen kleine Sequenzen der Geschichte im Rollenspiel nach, die sie besonders beeindruckt haben. Sie lernen ein Lied mit dem Titel „Rapunzel".
Die nächste Gruppe zeigt ihre Ausarbeitung des Märchens „Frau Holle" in Form eines Schattentheaters. Dabei benutzen sie einen Diaprojektor, um Muster und Formen an die Leinwand zu „werfen", und gestalten so ein besonderes Bühnenbild.

Wenn Sie nun **aus solchen Sequenzen ein Gesamtstück erstellen** möchten, lassen Sie einfach eine oder mehrere Figuren durch das Stück führen. Es kann auch ein Erzähler sein, der die Brücken bildet. Das Interessante bei dem Stück bleibt die **Interpretation der Geschichten durch die Kinder** und Erzieherinnen und der Einsatz verschiedener Theaterformen und Präsentationstechniken.

Nach der Aufführung der Kinder haben die Gäste Gelegenheit, **verschiedene Aktionen rund um das Thema „Theater"** auszuprobieren: Sie basteln Stabpuppen, studieren kleine Sketche ein oder lassen sich „50 Jahre älter" schminken. Wer mag, kann sein Können **auf einer offenen Bühne präsentieren.**

Natürlich darf ein **gemütliches Beisammensein** nicht fehlen. Dafür gibt es schon während der Spiel- und Aktionszeit bis zum Ende des Festes die Möglichkeit.

Einladungen

Die Einladung sollte **etwas Glanz** mit sich in die Besucherwelt tragen. Das **Flair der Theaterwelt** soll die Eltern ermuntern, sich schon auf das große Fest zu freuen. Stimmen Sie die **Karten auf das Motto** ab (zum Beispiel Märchen), und versuchen Sie, es vom Stil her dem Stück anzupassen, das die Kinder spielen werden (also eher verspielt oder eher modern usw.). Sie kleben dafür zum Beispiel dünne Seidenbänder oder Federn an die Ränder einer **Faltkarte** oder verzieren einen Bogen Pergamentpapier mit „Goldstaub". Schmücken Sie eine Einladung zu einem Stück mit Wichteln und Feen mit Moos, Blüten und Ranken. Ein modernes Stück, mit Bildern aus dem Beamer und verrückten Soundeffekten benötigt poppigere Einladungen aus klaren Farben oder Karton mit Glanzeffekten.

Vielen ist es nur noch aus dem Kino bekannt, aber der **„Abriss" an Karten** stammt eigentlich aus dem Theater. Gestalten Sie die Einladungen mit einem kleinen Abschnitt am Rand, der natürlich am besten noch perforiert wird (dafür gibt es Rollmesser mit Perforierklingen). Aber auch ohne die Perforation können die Abschnitte von einem Kartenabreißer (einem Kind in speziellem Kostüm) einfach eingerissen werden.

Und natürlich bietet es sich auch an, die Einladungskarte wie ein **kleines Programmheft** zu gestalten. Hier dürfen dann auch ein paar mehr **Fotos** Platz finden. Fotografieren Sie einzelne verkleidete und geschminkte Kinder vor dem Bühnenbild, und drucken Sie diese Fotos im „Programmheft" ab. Für das **Cover** des Heftes eignet sich ein Abbild des Bühnenbilds als Motiv. Und auch eine **Danksagungsseite** für die Sponsoren sollten Sie im „Programmheft" nicht vergessen.

Schreiben Sie einen **kurzen Abriss des Ablaufs** in die Einladung:

14.00 Uhr	Beginn des Festes
14.15 Uhr	Theateraufführung
14.45 bis 17 Uhr	Spiele und Aktionen
Ab 15.30 Uhr	Offene Bühne
Ab 16.30 Uhr	Gemütliches Beisammensein mit Buffet
17.30 Uhr	Aufräumen
18 Uhr	Ende des Festes

Weisen Sie in der Einladung auf aushängende Listen für das Bestücken des Buffets und weitere **Mithilfemöglichkeiten** hin. Wenn Sie noch bestimmtes **Material** benötigen, können Sie das auch in die Einladung schreiben, schließlich erreichen Sie damit auf sicherem Wege alle Eltern.

Spiele und Aktionen

Das Fest beginnt mit dem Theaterstück der Kinder. Dieses beinhaltet ihre Erfahrungen und Erlebnisse aus der Projektzeit und ist entsprechend eine Präsentation der Entwicklung jedes Einzelnen. Im Anschluss an die Aufführung haben nun Eltern und Kinder gemeinsam die Gelegenheit, verschiedene Aktivitäten rund um das Thema „Theater" zu erleben.

Stabpuppen

Das brauchen Sie:

- Pappe, Karton
- Bleistifte
- Alleskleber
- Stäbe (Laternenstäbe, Zweige, Holzspieße)
- Scheren, Cutter
- Stoff- und Filzreste, Wollreste
- Musterbeutelklammern
- Deckfarben
- Pinsel
- Filzstifte oder Marker

So geht es:

Die Grundform der Puppe zeichnen die Bastler auf Pappe oder Karton auf und schneiden sie mit Schere oder Cutter aus. Sie kleben einen Stab hinten an. Nun gestalten sie die Puppe nach Belieben mit den verschiedenen Materialien. Natürlich können die Puppen auch Tiere sein oder Fantasiewesen (Wolkenschafe und Baumriesen). Wer bewegliche Teile an seiner Puppe haben möchte, schneidet zum Beispiel den Arm aus einem extra Stück Pappe aus. Sowohl die Schulter als auch der Oberarm erhalten ein kleines Loch. Als Verbindung benutzen die Bastler eine Musterbeutelklammer. Nun muss der Arm auch noch einen Stab erhalten, damit man sowohl die Puppe selbst, als auch ihren Arm bewegen kann. Der Stab sollte entsprechend kürzer oder länger sein, ganz nach gewünschter Funktion.

Schminken

Wer Theater spielt, weiß, dass das Schminken hilft, sich in die Rolle hineinzuversetzen. Es verändert nicht nur äußerlich, sondern unterstützt den Schauspieler, sich von seinem eigenen Äußeren zu befreien. Die Schminkstation sollte, entsprechend einer Theatergarderobe, schön aufgebaut werden. Achten Sie darauf, dass ein Sonnenschirm die Sonne fernhält oder im Raum genug Licht zur Verfügung steht.

Das brauchen Sie:

- Schminkspiegel
- bequemer Stuhl für den Besucher
- Stuhl oder Hocker für die Visagistin (möglichst in der Höhe verstellbar)
- Abschminktücher, Wattepads, Ohrenstäbchen, Hautcreme, Babyöl
- verschiedene Schminke (sowohl Theater- als auch normale Schminke)

So geht es:

Schminken Sie nicht nur die bei Kindern beliebten Tiere und Muster ins Gesicht. Versuchen Sie, die Kinder durch Schminktricks altern zu lassen oder ältere Personen zu verjüngen (das funktioniert mit Lidschatten in Grau- und Brauntönen). Schminken Sie auch Kinder zu richtig bösen Monstern oder zur lieblichen Fee, je nachdem, was sie sich wünschen. Etwas Übung sollten Sie dabei mitbringen.

Tipp

Vielleicht gibt es unter den Eltern jemanden, der von Berufs wegen Erfahrung im Schminken hat, zum Beispiel eine Kosmetikerin, Visagistin oder eine Malerin.

Kostümieren

Aus alten Kleidern lassen sich wunderbare Kostüme zusammenstellen. Die Kinder dürfen im großen Fundus aus alten Kleidern stöbern und sich, ihrer (ausgedachten) Rolle entsprechend, verkleiden.

Das brauchen Sie:

- Kleider
- Hüte, Mützen
- Schuhe
- Stoffe
- Accessoires
- Schnüre und Bänder
- Krawatten, Hosenträger, Gürtel
- Sicherheitsnadeln
- große Spiegel
- mehrere Kisten für den Fundus

So geht es:

Bereiten Sie den Fundus ansprechend vor: Stellen Sie die Materialien in Kisten zur Verfügung. Richten Sie auch eine Umkleide und Spiegelecke ein, so kommen sich die suchenden und anprobierenden Kinder nicht in die Quere. Für den Fundus gilt in jedem Fall: Ein bisschen wühlen und kramen sollte möglich sein. Das sorgt für mehr Spannung und Überraschungseffekte, wenn die Kinder ein interessantes Stück hervorziehen, als wenn die Klamotten einfach schon fix und fertig sortiert und auf Bügeln hängend präsentiert werden. Damit die Kleider auch passen, können sie mit Sicherheitsnadeln festgesteckt werden. Hilfreich sind auch Bänder, alte Krawatten und stabile Schnüre sowie Gürtel, um besonders die Hosen und Röcke auf den Hüften der Kinder zu halten.

Fotostation

All die schönen Verkleidungen, die geschminkten Gesichter und die selbstgebastelten Figuren sollten auch fotografiert werden.

Das brauchen Sie:

- einfarbiges Tuch als Hintergrund
- stabile Schnur; Haken zum Befestigen
- zwei Pfeiler oder Ähnliches als Befestigungsstange
- Hocker
- Stativ für die Kamera
- Sonnenschirme (weiß oder mit Erste-Hilfe-Wärmedecken bespannt), um die richtige Beleuchtung zu erzielen
- Laptop, Drucker, Fotopapier

So geht es:

Um die Modelle richtig in Szene zu setzen, benötigen Sie einen neutralen Hintergrund. Spannen Sie dafür eine Schnur, zum Beispiel zischen zwei Sonnenschirme oder Baumstämme, und befestigen Sie daran ein Leintuch mit Wäscheklammern so hoch, dass die Oberkante über den Köpfen der Modelle ist. Die Modelle setzen oder stellen sich vor das Tuch und versuchen, so in die Kamera zu schauen, dass ihr Blick auch dem Kostüm entspricht. Oder sie halten ihre Puppen so, dass sie im Vordergrund stehen. Die Fotos kann man direkt auf einem Laptop ansehen und ausdrucken (wenn Sie einen Drucker mit Fotopapier bereitstellen).

Sprechen und Rezitieren

Das brauchen Sie:
- einige Gedichte, Fingerspiele und andere einfache Texte
- Papier und Stifte

So geht es:
Hier probieren die Besucher aus, wie aus einfachen Textzeilen aussagekräftige Stücke werden, wenn sich die Betonung verändert. So kann „Alle meine Entchen ..." zum Kriminalstück werden, wenn der Sprecher alle Energie in den dramatischen Ausdruck legt. Dabei ist die Stimme tief und gruselig, die Betonung nicht mehr leicht und fröhlich, sondern schwer und auf jeder Silbe. Es ist wirklich lustig, wie nur durch Stimme, Betonung und Mimik aus dramatischen Textzeilen fröhliche werden und umgekehrt. Versuchen Sie „Fuchs, du hast die Gans gestohlen" und andere bekannte Verse ...

Pantomime

Das brauchen Sie:
- evtl. weiße Schminke
- Karten mit einfachen Begriffen und bebilderten Situationen für die Kinder
- großer Spiegel

So geht es:
Hier können die Besucher in der Art von „Scharade" Begriffe vorspielen und gegenseitig erraten. Aber sie können auch noch intensiver versuchen, pantomimisch Szenen darzustellen. Dazu gehört, sich ganz intensiv mit der eigenen Mimik und Gestik zu befassen. Die Bewegungen müssen überzogen dargestellt werden, damit sie auch beim Betrachter entsprechend wirken. Exakte Bewegungen erfordern Körperkontrolle, was ein gesundes Körperbewusstsein voraussetzt. Als Impuls für die pantomimische Darbietung können Sie den Akteuren Situationen vorgeben.

Ausdruckstanz-Theater

Das brauchen Sie:
- weißes Tuch als Leinwand, die fest gespannt sein muss
- Schnur
- Bäume oder Haken zum Befestigen
- Beamer, Tageslicht- oder Diaprojektor oder eine andere starke Lichtquelle
- Bilderbücher

So geht es:
Ähnlich der Pantomime, stellen die Besucher hier kurze Szenen ohne Worte dar. Als Vorlage eignen sich Bilderbücher (zum Beispiel „Du hast angefangen. Nein du!"). Während die Spieler die zentrale Szene aus dem Buch nachspielen, bewegen sie sich tänzerisch und zugleich auch weich und fließend. Sie überlegen sich also eine kleine Choreografie und tanzen sie vor.
Sie können das Ausdruckstanz-Theater gut als Schatten-Theater umsetzen (siehe Seite 93). Dazu brauchen Sie die Materialien aus der Liste.

Schatten-Theater

Das brauchen Sie:

- Leintuch
- Schnur
- Haken zum Befestigen
- Lichtquelle
- evtl. Stabpuppen
- evtl. Bilderbücher

So geht es:
Hinter einem von einer Lichtquelle angestrahlten Leintuch spielen die Schauspieler selbst ein kleines Stück. Alternativ können sie auch Stabpuppen dazu benutzen. Dann ist es sinnvoll, unten ein dunkles Tuch vorzuhängen oder einen Tisch hinzustellen, damit man die Schauspieler nicht sieht. Sehr gut funktioniert es auch, durch ein Fenster nach draußen zu spielen. Außen sitzt das Publikum, und innen werden die Puppen bewegt. Als Stücke eignen sich hier ebenfalls kurze Bilderbuchgeschichten oder selbsterfundene kurze Szenen, die sich entsprechend der gebastelten Puppen ergeben (wenn ein Monster und eine Fee zusammentreffen, ergibt sich daraus sicher eine lustige Szene).

Bühnenbilder

Manche Besucher möchten nicht so gerne selbst Theater spielen oder sich mit dem Basteln von Puppen beschäftigen. Sie können stattdessen versuchen, eine große Kulisse zu malen. Das ist gar nicht so einfach, denn man muss immer davon ausgehen, dass das Publikum weit weg sitzt und die Bilder entsprechend plakativ anlegen.

Das brauchen Sie:

- Plakatfarben, Dispersionsfarben
- Ölkreiden, Buntstifte
- Marker
- flache Wannen und Schalen (zum Beispiel von Gemüseverpackungen), um die Farben anzurühren
- Wasserbehälter
- große und kleine Pinsel
- Holzstöcke als Stielverlängerung
- Farbwalzen
- festes Papier (Packpapier) oder große Pappe; alte Bettlaken
- Schnur (Bindfaden oder Wäscheleine) zum Aufhängen und Trocknen

So geht es:
Die Künstler malen hier möglichst großflächig (mit großen, breiten Pinseln) und umranden die Details mit dunkler Farbe oder einem Marker, damit sie auch aus der Ferne zu sehen sind. Wenn sich die Künstler mit den Puppenspielern oder Pantomimen absprechen, können sie für deren Stücke ein Bild entwerfen und gestalten. Gemalt wird auf großen Bahnen Packpapier oder auch auf Bettlaken.

Tipp

Für die Bühnenbildkulisse können Sie auch Naturmaterial verwenden. Aufgeklebte große Kastanienblätter stellen zum Beispiel einen Wald dar, Sand auf mit Kleister bestrichenem Papier lässt einen Strand entstehen ...

Offene Bühne

Das brauchen Sie:

- Tafel und Kreide
- evtl. selbstgestaltete Bühnenbilder (siehe Seite 93)
- Schnur (Wäscheleine) und Wäscheklammern
- fester Boden
- Platz für die Zuschauer

So geht es:
Auf der offenen Bühne kann jeder vorführen, was er möchte – ob es das Vortragen eines Gedichtes ist, eine Schau der Kostümbildner und geschminkten Besucher oder die getanzte Darstellung des Märchens Dornröschen …

Wenn Sie eine große Tafel aufstellen und Kreide dazulegen, kann sich jeder, der etwas zeigen will, ankündigen (Eltern schreiben für die Kinder, die es nicht selbst können). So kann das Publikum ungefähr abschätzen, wann welche Attraktion zu sehen ist, und wird aufmerksam zusehen und -hören. Damit die Bühne nicht so leer und verwaist aussieht und sich die Schauspieler dort wohler fühlen, können die Bühnenbildgestalter ihre Bühnenbilder dort zeigen. Spannen Sie dafür eine Schnur, an welche die großen Bilder mit Wäscheklammern befestigt werden können.

Ein Blick zurück: erlebt, gelernt, dokumentiert

Das **Reflektieren des Festes im Team, mit Eltern** und **Kindern** führt zu vielerlei Erkenntnissen, wie zum Beispiel:

- Wie kommt ein interaktives Fest an?
- Welche Aktionen sollten wir öfter anbieten?
- Können wir auf das Projekt und Fest aufbauend am Thema weiterarbeiten?

Für die Entwicklungsdokumentationen der Kinder bietet es sich an, gleich **mehrere Portfolio-Seiten** zu gestalten:

- Eine **Fotogalerie mit Kommentaren** soll zeigen, wie sich das Kind während des Festes entfaltet hat (zum Beispiel: anfangs noch das beobachtende, zurückhaltende Kind, das den anderen zuschaut; dann beim Schattentheater und später geschminkt; zum Schluss auf der Bühne mutig und selbstbewusst).
- **„Ich als …“:** Das Kind erzählt, wie es war, in eine andere Rolle zu schlüpfen.
- **„Meine Handpuppe“:** Das Kind berichtet, welche Puppe es wie gebastelt hat. Es erzählt auch, was die Puppe kann und macht, welche Rollen sie einnimmt (einschließlich Fotos).
- **Lerngeschichten** der Erzieherin für das Kind, aber auch der Eltern für das Kind, denn sie haben das Kind in der Vorbereitung für das Fest und während des Festes erlebt.

Mit Hilfe ausführlicher Beobachtungen können Sie diverse **Kompetenzen** der Kinder feststellen und deren Weiterentwicklung im Laufe des Projekts und Festes dokumentieren. Achten Sie gezielt auf:

- **soziale und emotionale Kompetenzen** (Teamarbeit, Selbstbewusstsein, Frustrationstoleranz, Hilfsbereitschaft, Gefühle benennen und zulassen, Empathie empfinden, …),
- **Sprachfähigkeit** und **Wortschatz,**
- **Bewegung, Körperbewusstsein,**
- **Naturwissenschaft** und Technik (Konstruieren von Bühnenbildern und Requisiten, Ausdenken verschiedener Puppen und Figuren usw.),
- **Kreativität,** ästhetisches Empfinden.

Medientipps

Literatur

Bosch, Myriam:
Von der Dschungel-Expedition bis zur Abenteuerreise ins Riesenland. 20 fantasievolle Bewegungslandschaften für 3- bis 7-Jährige.
Verlag an der Ruhr, 2011.
ISBN 978-3-8346-0829-1

Breuer, Kati:
Mit Musik durchs Kita-Jahr! Lieder, Tänze, Klanggeschichten. 3–6 J. Verlag an der Ruhr, 2010.
ISBN 978-3-8346-0629-7

Godau, Michael:
Der Wald ist voller Wörter. Ganzheitliche Sprachförderung in der Natur. Verlag an der Ruhr, 2009.
ISBN 978-3-8346-0537-5

Hündlings, Andrea:
Wasserforscher und Luftikusse. Ausgearbeitete Experimentierstunden für 4- bis 7-Jährige.
Verlag an der Ruhr, 2007.
ISBN 978-3-8346-0237-4

Hündlings, Andrea:
Magnettüftler und Stromexperten. Ausgearbeitete Experimentierstunden für 4- bis 7-Jährige.
Verlag an der Ruhr, 2009.
ISBN 978-3-8346-0535-1

Lindner, Ulrike:
Eltern informieren, überzeugen und begeistern.
Kita-Projekte originell dokumentiert – Flyer, Einladungen und Aushänge – Präsentationen mit Aha-Effekt.
Verlag an der Ruhr, 2011.
ISBN 978-3-8346-0827-7

Müller, Gaby:
Viele Kinder – ein Kunstwerk! GroßARTige Gemeinschafts-Kunst-Aktionen mit 3- bis 7-Jährigen.
Verlag an der Ruhr, 2011.
ISBN 978-3-8346-0828-4

Pertler, Cordula; Reuys, Eva:
Die 7 schönsten Feste im Kindergarten.
Don Bosco, 2010.
ISBN 978-3-7698-1791-1

Steiner, Franz; Steiner, Renate:
Die besten Ideen zum Jahreskreis.
Cornelsen, 2006.
ISBN 978-3-464-25149-2

Wagner, Yvonne:
Die Kreativ-Projekt-Kiste. 6 Themen – 66 Ideen.
3–6 J. Verlag an der Ruhr, 2010.
ISBN 978-3-8346-0634-1

Links*

www.gema.de
Informationen zu Urheberrechten und Nutzungsgebühren bei der Verwertung von musikalischen Werken.

www.chefkoch.de
Riesige Auswahl an nationalen und internationalen Rezepten mit Hinweisen zum Arbeitsaufwand.

www.remida.de
Große Auswahl an günstig zu erwerbenden Industrie- und Handelsmaterialien zum Gestalten.

http://www.mobile-elternmagazin.de/familiekreativ/festefeiern/index_html
Informationen, Ideen, Rezepte, Dekorations- und Einladungstipps zum Feiern von Mottopartys.

* Die in diesem Werk angegebenen Internetadressen haben wir geprüft (Stand Juni 2011).
Da sich Internetadressen und deren Inhalte schnell verändern können, ist nicht auszuschließen, dass unter einer Adresse inzwischen ein ganz anderer Inhalt angeboten wird. Wir können daher für die angegebenen Internetseiten keine Verantwortung übernehmen.

Verlag an der Ruhr

Postfach 10 22 51
45422 Mülheim an der Ruhr
Telefon 030/89 785 235
Fax 030/89 785 578
bestellungen@cornelsen-schulverlage.de
www.verlagruhr.de

Es gelten die Preise auf unserer Internetseite.

■ Die Kreativ-Projekte-Kiste
6 Themen – 66 Ideen
3–7 J., 151 S., A4 quer, Paperback
ISBN 978-3-8346-0634-1
Best.-Nr. 60634
20,50 € (D)/21,10 € (A)/34,20 CHF

■ Der Wald ist voller Wörter
Ganzheitliche Sprachförderung in der Natur
3–7 J., 94 S., A4, Paperback, farbig
ISBN 978-3-8346-0537-5
Best.-Nr. 60537
19,80 € (D)/20,40 € (A)/33,10 CHF

■ Viele Kinder – ein Kunstwerk
GroßARTige Gemeinschafts-Kunstaktionen mit 3- bis 7-Jährigen
3–7 J., 80 S., A4, Paperback, farbig
ISBN 978-3-8346-0828-4
Best.-Nr. 60828
20,80 € (D)/21,40 € (A)/34,70 CHF

■ Kleine Künstler – große Meister
GroßARTige Kunsterlebnisse für 3- bis 7-Jährige
3–7 J., 71 S., A4, Paperback, farbig, 15 farbige Poster, DIN-A4
ISBN 978-3-8346-0633-4
Best.-Nr. 60633
24,50 € (D)/25,20 € (A)/40,90 CHF

■ Von der Dschungel-Expedition bis zur Abenteuerreise ins Riesenland
20 fantasievolle Bewegungslandschaften für 3- bis 7-Jährige
3–7 J., 87 S., 16 x 23 cm, Spiralbindung, farbig
ISBN 978-3-8346-0829-1
Best.-Nr. 60829
19,80 € (D)/20,40 € (A)/33,10 CHF

■ Rituale-Lieder für die Kita
von Aufräumen bis Zähneputzen
bis 6 J., 56 S., 17 x 24 cm, Paperback mit CD
ISBN 978-3-8346-0844-4
Best.-Nr. 60844
16,50 € (D)/17,– € (A)/27,90 CHF

■ 155 5-Minuten-Spiele für die Krippe
zum Sprechen, Fühlen, Entdecken und Bewegen
166 S., 16 x 23 cm, Paperback
ISBN 978-3-8346-0713-3
Best.-Nr. 60713
17,80 € (D)/18,30 € (A)/30,10 CHF

■ Mit Musik durchs Kita-Jahr!
Lieder, Tänze, Klanggeschichten
3–6 J., 127 S., 16 x 23 cm, Paperback, mit Audio-CD
ISBN 978-3-8346-0629-7
Best.-Nr. 60629
19,80 € (D)/20,40 € (A)/33,10 CHF

Keiner darf zurückbleiben